中国森林旅游
CHINA FOREST TOURISM

2014
中国森林等自然资源旅游发展报告

国家林业局

中国林业出版社

图书在版编目（CIP）数据

2104中国森林等自然资源旅游发展报告 / 国家林业局主编.
-- 北京 : 中国林业出版社, 2015.9
ISBN 978-7-5038-8153-4

Ⅰ. ①2… Ⅱ. ①国… Ⅲ. ①森林资源 – 旅游资源开发 – 研究报告 – 中国 – 2014②自然资源 – 旅游资源开发 – 研究报告 – 中国 – 2014 Ⅳ. ①F592.3

中国版本图书馆CIP数据核字(2015)第220781号

中国林业出版社 · 生态保护出版中心
责任编辑 刘家玲 肖 静

出 版 中国林业出版社
（100009 北京西城区德内大街刘海胡同 7 号）
网 址 www.lycb.forestry.gov.cn
E-mail wildlife_cfph@163.com
发 行 中国林业出版社
电 话 (010) 83143519 83143577
印 刷 北京中科印刷有限公司
版 次 2015 年 9 月第 1 版
印 次 2015 年 9 月第 1 次
开 本 889mm × 1194mm 1/16
印 张 8.25
字 数 180 千字
定 价 50.00 元

2014 中国森林等自然资源旅游发展报告

Preface
前　言

2014年，国务院出台《关于促进旅游业改革发展的若干意见》（国发〔2014〕31号），把积极发展森林旅游作为拓展旅游发展空间的重要内容，这为我国森林旅游业的发展注入了新的动力。2014年，全国森林旅游业依然保持着强劲的发展态势，森林旅游年游客量达到9.1亿人次，同比增长19.7%，占年国内旅游人数的比例首次突破25%；森林旅游创造社会综合产值6500亿元，同比增长25.0%，占国内旅游消费的比例首次突破20%。一年来，全国森林旅游行业全体同仁自强不息、奋发努力，在各级政府的正确领导和大力支持下，按照全国森林旅游工作会议确定的目标和任务，在加快森林旅游地发展、改善森林旅游地基础服务条件、提升森林旅游的生态服务和生态教育功能、强化行业引导和行业监管、扩大森林旅游社会影响力等方面做了大量卓有成效的工作。

2014年，国家林业局印发了《全国森林等自然资源旅游发展规划纲要（2013–2020年）》（以下简称《纲要》），这是我国第一个指导全国森林等自然资源旅游发展的纲领性文件，是规范和促进森林等自然资源旅游发展的重要依据。按照《纲要》要求，各省（自治区、直辖市）陆续启动了本省（自治区、直辖市）森林等自然资源旅游发展规划的编制工作，认真谋划发展思路，科学确定目标和任务。

2014年，各类森林旅游地数量进一步增长。截至2014年底，各类森林旅游地数量达6269处，其中各级森林公园3101处、各级湿地公园979处、各级林业系统自然保护区2189处；新增国家级森林公园12处、国家级湿地公园140处、林业系统国家级自然保护区20处。国家林业局启动了国家生态公园的试点建设工作，首次批复同意了3个区（县）开展国家生态公园建设试点；加快了国家沙漠公园的建设试点工作，国家沙漠公园数量由2013年的1处增加到了33处。

2014年，各地对发展森林旅游综合效益的认识进一步提高，积极打造适合自身特点的森林旅游产品，进一步加大基础服务设施建设、人才队伍建设和宣传营销力度，森林旅游的市场份额进一步扩大，森林旅游在促进区域经济发展、带动林农就业增收和传播生态文化理念等方面的作用进一步增强。

2014年，森林旅游的制度化、标准化、规范化发展取得新进展。各地陆续出台了一批相关法规、规章、标准，同时，加强了森林、湿地及野生动植物资源管理的力度。各项行业管理工作日趋完善，明确了编制和实施资源保护及森林旅游目的地总体规划、审查建设项目占用征收林地等工作具体要求，加强了监管力度。

2014年，森林旅游开辟了国内外宣传交流的新局面，提升了国际、国内影响力。世界自然保护联盟公布了首批保护地绿色名录，收录了8个试点国家的24个自然保护地，其中，中国有6个自然保护地入选；以国家林业局牵头的中国政府代表团赴澳大利亚参加了世界自然保护联盟世界公园大会。国家林业局在云南省普洱市举办了以“国家森林公园的保护性利用”为主题的“绿色中国行”活动，形成了《普洱宣言》。

2014年，围绕建设美丽中国、建设生态文明大局，森林旅游业在保护与发展、生态与产业、兴林与富民协调发展中的优势进一步凸显。2015年，各地要深入学习贯彻中共中央、国务院《关于加快推进生态文明建设的意见》、《关于印发〈国有林场改革方案〉和〈国有林区改革指导意见〉的通知》，国务院办公厅《关于进一步促进旅游投资和消费的若干意见》等文件精神；按照《全国森林等自然资源旅游发展规划纲要(2013–2020年)》要求，积极推进落实各项工作，充分发挥森林等自然资源的多种功能，拓展森林旅游的发展空间，提高森林旅游质量，努力为人们提供更多更好的森林旅游产品，促进森林旅游事业的健康稳定发展。

2015年8月

Contents

目　录

Abstract 摘 要

2014年，国务院印发《关于促进旅游业改革发展的若干意见》，提出积极发展森林等自然资源旅游（以下简称森林旅游）的要求。一年来，各级林业主管部门和森林旅游单位按照全国森林旅游工作会议确定的基本思路，深入贯彻落实《旅游法》及《全国森林等自然资源旅游发展规划纲要（2013–2020年）》精神，积极争取各级政府、相关部门和社会各界的大力支持，不断完善行业管理体制机制，进一步提高森林旅游的发展水平。2014年，全国森林旅游发展在组织管理与工作部署、政策与法制建设、规划与标准化建设、目的地建设、目的地保护与管理、产业发展、示范建设、人才培训、宣传推介、国（境）内外交流与合作等方面均取得了显著成绩，以森林公园、湿地公园、自然保护区、沙漠公园为主体的森林旅游目的地体系进一步扩大和完善，森林旅游产业呈现出良好的增长态势。森林等自然资源的保护性利用，不仅为生态环境和珍贵资源保护做出巨大贡献，而且在传播生态文明理念、带动相关产业发展、促进林农就业增收等方面也发挥着重要作用。

（一）森林旅游组织管理能力日益提高

2014年，森林旅游管理部门加强对森林旅游的监督和指导力度，各类森林旅游组织机构逐步完善。

全国层面，中共中央成立中国生物多样性保护国家委员会，国家林业局成立森林旅游工程技术研究中心和全国林业生物多样性保护委员会，从而提高森林旅游发展的技术支撑能力。

省级层面，吉林、山东、湖北、广西、甘肃、新疆等省（自治区）召开全省森林旅游工作会议，浙江、山东、广东、广西、四川、宁夏等省（自治区）出台关于加快发展森林旅游的指导性意见和政策，进一步明确森林旅游的指导思想、基本原则、总体目标和主要任务，并对重点工作和保障措施做了相应部署。同时，相继成立山东省森林风景资源评价委员会、广东省湿地保护协会、广东省野生动植物保护协会、贵州省林业厅湿地管理中心、云南省湿地保护专家委员会、新疆维吾尔自治区森林旅游工作领导小组等单位。

（二）总体规划编制工作深入开展

2014 年，森林旅游的规划工作进一步完善，国家林业局印发《全国森林等自然资源旅游发展规划纲要（2013–2020 年）》，要求各省级林业主管部门提高认识，加强领导，科学谋划森林旅游发展的方向和重点；启动《全国城镇森林公园发展规划（2015–2025 年）》、《全国湿地保护“十三五”实施工程规划》、《国家沙漠公园发展规划（2016–2025 年）》的编制工作。

各省（自治区、直辖市）国家级森林公园、国家级自然保护区大力加强规划编制工作，国家林业局共批复 32 个国家级森林公园总体规划、28 个国家级自然保护区总体规划、10 个国家级自然保护区生态旅游规划。云南、山西、四川分别编制《云南省森林旅游发展规划》（评审稿）、《山西省森林公园“十三五”发展规划》、《四川省森林公园建设与发展规划纲要（2014–2025 年）》、《四川省森林公园解说体系总体规划》；贵州省批复《贵州省湿地保护发展规划（2014–2030 年）》。

（三）法制化标准化建设有力推进

2014 年，国家林业局深入宣传贯彻《国家级森林公园管理办法》、《湿地保护管理规定》等法规；积极推动《湿地保护条例》的立法进程；起草《国家级森林公园总体规划审批管理办法》；修订《国家湿地公园管理办法（试行）》；起草《国际重要湿地管理办法》；印发《国际重要湿地生态特征变化预警方案（试行）》；启动森林体验和森林养生的基础工作，组织部署《森林体验基地质量评定》和《森林养生基地质量评定》标准的编制工作。

天津、辽宁、黑龙江、江苏、福建、江西、湖北、湖南、广东、海南、重庆、贵州、云南、青海等部分省（直辖市）也陆续开始编制、修订、施行与森林旅游相关的地方性法规规章；广东省和云南省发布实施《广东省森林公园质量等级划分与评定》、《云南省森林旅游示范区评定规程》和《云南省湿地生态监测》标准；青海省审定通过《青海省湿地监测技术规程》。

（四）森林旅游地数量、规模稳步增长

截至2014年底，全国森林公园、湿地公园及林业系统自然保护区总数达到6269处，总面积14565.83万公顷。其中：全国各级森林公园3101处，比2013年同比增长5.19%，总面积1780.54万公顷，比2013年同比增加1.28%，新增国家级森林公园12处；全国各级湿地公园数量达979处，比2013年同比增长35.41%，总面积319.00万公顷，新增国家湿地公园140处；全国林业系统各级自然保护区数量2189处（其中提供森林旅游服务的林业自然保护区数量457处），占全国自然保护区数量的80.02%，比2013年同比增长1.20%，总面积12466.29万公顷，约占国土面积的12.98%，占全国自然保护区面积的84.80%，新增国家级自然保护区20处。首次批复同意3个区（县）开展国家生态公园试点建设；新批复32个国家沙漠公园开展试点建设，总面积164.87万公顷；新增河南新郑国家古枣林公园1处。森林公园、湿地公园、林业自然保护区、沙漠公园从事森林旅游管理和服务的人员数量达到24万人，其中导游和解说人员3.36万多人。全国森林公园共有旅游车船34740台（艘），比2013年同比减少8.13%；共拥有游步道78128.75千米，比2013年同比增长5.31%。

（五）生态文明教育建设日益加强

2014年，各森林旅游单位积极开展生态文明教育试点示范建设，涌现出一大批教育功能突出、示范作用明显的生态文明窗口单位。全国共12家单位获“国家生态文明教育基地”称号；涉及森林公园、湿地公园、自然保护区的7家单位（共75家）荣获“优秀全国科普教育基地”称号；八达岭森林公园等10家单位荣获“首都生态文明宣传教育示范基地”称号。

森林旅游景区进一步加强景区生态文化建设力度。新建完善森林博物馆、标本馆、游客中心、宣传和解说标示标牌等基础设施；举办以生态文化教育为主题的各种形式文化旅游活动；建立各种形式的科普基地、实习基地、爱国教育基地、文化创作基地等，全面提升森林旅游的生态服务能力和生态教育功能。

（六）森林等自然资源保护力度进一步加强

全国各级林业部门通过规范森林公园行政许可事项办理、强化占用征收森林公园林地的审查管理、加大林相改造和植树造林力度、实施森林公园监督检查、做好“三防”工作等来加强森林公园的保护与管理力度。2014年，国家林业局共办理23处国家森林公园行政许可事项；共审理建设项目占用征收国家森林公园50起，同时，辽宁、浙江、江西、山东、重庆、贵州、青海、新疆等省（自治区、直辖市）对征占森林公园林地的项目进行严格的审查管理；全国森林公园共植树造林11.66万公顷，林相改造17.17万公顷；内蒙古、江西、广东、四川等省（自治区）开展森林公园的监督检查工作、“三防”工作，确保森林公园免受突发性全面破坏。此外，全国各级林业部门通过建立湿地红线制度、打击破坏湿地资源的行为、实施湿地保护和恢复项目、健全湿地保护机构、加强湿地保护宣传活动等一系列措施进行湿地保护。

（七）产业发展成效显著

2014年，全国森林旅游游客量达到9.1亿人次，比2013年同比增长19.7%，约占国内旅游人数（36.11亿人次）的

25.2%。森林旅游直接收入825亿元，创造社会综合产值6500亿元，约占2014年国内旅游消费（30312亿元）的21.4%，比2013年同比增长25.0%。

全国森林公园旅游收入572.13亿元，比2013年同比增长16.50%；全国林业系统自然保护区旅游收入191.0亿元，比2013年同比增长85.56%；全国湿地公园旅游收入45.91亿元，比2013年同比增长5.01%。森林的健康发展有力地促进了区域经济的发展，全国森林公园的建设和森林旅游的发展不同程度地带动农民走上脱贫致富的道路。

（八）各类示范建设取得显著进展

2014年，全国10家森林旅游示范试点单位扎实推进试点工作，在推进森林旅游中取得显著成效；涉及森林公园、湿地公园、自然保护区的9家单位荣获“国家生态旅游示范区”称号；国家林业局着重建设国家沙漠公园来保护环境和开展生态旅游，32个国家沙漠公园开展试点建设；5个国家森林公园被列入国家级森林公园解说体系示范点建设，强化了生态文化教育设施和生态文化教育功能。

部分省（自治区、直辖市）积极开展森林旅游示范工作，并取得了一定成效。安徽省森林旅游工作领导小组依照《安徽省森林旅游示范景区评定办法》组织开展森林旅游示范景区评选工作，最终评选出19家森林旅游示范景区；云南省《森林旅游示范区评定规程》的实施有效地规范了森林旅游景区的管理。

（九）人才培训稳步开展

2014年，全国各级林业部门面向森林旅游工作人员开展了多种形式的培训工作，国家林业局举办了中国森林旅游信息管理培训班、全国湿地保护工程管理培训班、第十八期国家级自然保护区领导干部培训班、国家沙漠公园试点建设培训班等。同时，山西、吉林、江苏、浙江、江西、山东、湖北、湖南、广东、四川、贵州、云南、陕西、甘肃、青海、新疆等16个省（自治区）举办与森林旅游行业相关的人才培训。通过加强人才培训，进一步提升了领导层的管理指导能力、拓宽了基层人员的专业素养，进而为森林旅游的健康发展奠定了坚实基础。

（十）宣传推介效果良好

全国各级林业部门大力推广使用森林公园专用标志，举办森林旅游系列推选活动，举行了“国家森林公园风光博览和森林旅游公益宣传活动”、“绿色中国行——走进太阳河国家森林公园活动”、“2014年中国（温州）森林旅游节”等活动，拍摄了《中国国家森林公园》专辑片，出版了《中国国家森林公园》画册等一批科普读物和宣传手册，充分利用森林旅游网络平台进行宣传推介，取得了良好的宣传效果，使森林旅游的社会影响力明显提升，促进了森林旅游的发展。

（十一）国（境）内外交流进一步加强

2014年，我国森林旅游的国（境）内外交流进一步加强。国家林业局与世界自然保护联盟年会上，双方就合作事项达成一致；世界公园大会上，中国的6个自然保护地入选全球第一份“绿色名录”；中国还与泰国、韩国等国家进行深入交流与学习。与各国的交流合作，扩大了中国森林旅游的国际影响力。第二十一届海峡两岸自然保护区及国家公园业务交流研讨会、第二届海峡两岸生态保护和自然保护区建设管理交流会促进了海峡两岸的交流与合作。

第一章

组织管理与工作部署

- 组织管理
- 工作部署

第一章　组织管理与工作部署

2014年，全国各级林业主管部门深入贯彻落实习近平总书记“守住发展和生态两条底线”、“既要金山银山，也要绿水青山，绿水青山就是金山银山”、“做大做强旅游业，使旅游业成为重要支柱产业”的重要指示，进一步加强对森林等自然资源的保护及对森林旅游的组织领导和监督指导。部分省（自治区、直辖市）林业厅（局）专门召开森林等自然资源旅游工作会议，进一步明确了森林旅游的指导思想、总体目标和主要任务，并对重点工作和保障措施做了相应部署。

一、组织管理

为进一步规范管理森林等自然资源旅游、提高森林等自然资源旅游服务质量，各级林业主管部门逐步加强森林旅游的组织管理建设。

党中央、国务院高度重视森林旅游的发展，2014年8月出台了《国务院关于促进旅游业改革的若干意见》（国发〔2014〕31号），明确提出“积极发展森林旅游”，并把国家林业局作为编制全国生态旅游规划的负责部门之一；要求稳步推进建立国家公园体制，根据《建立国家公园体制试点方案》，9个省即将开展试点工作；要求风景名胜区、自然保护区等公共资源的门票要实行政府定价或者政府指导价；要求编制全国生态旅游的发展规划，加强对国家重点旅游区域的指导，抓好集中连片特困地区旅游资源整体开发，引导生态旅游健康发展等。

国家林业局积极推进森林旅游健康、快速、有序发展。2014年1月，国家林业局印发《国家林业局2014年工作要点》（以下简称《要点》），要求各级林业部门全面贯彻落实党的十八大和十八届二中、三中全会精神，深入学习贯彻习近平总书记系列重要讲话精神，坚持以建设生态文明为总目标，以改善生态、改善民生为总任务，以全面深化林业改革为总动力，紧紧围绕建设美丽中国，认真实施《推进生态文明建设规划纲要》，为全面建成小康社会、实现中华民族伟大复兴的中国梦创造更好的生态条件。《要点》强调要进一步加强湿地生物多样性保护和国际重要湿地、湿地公园管理，建立湿地生态补偿机制，开展退耕还湿试点。《要点》提出国家将计划编制《国家沙漠公园总体规划》，并进一步加强国家公园体制建设的研究。

2014年，国家林业局在政策与法制体系建设、规划与标准化建设、森林旅游目的地保护、人才培训、宣传推介和示范建设、境内外交流合作等方面加强组织管理，取得一定成效。国家林业局印发《全国森林等自然资源旅游发展规划纲要（2013–2020 年）》，明确了当前和今后一个时期林业旅游资源的发展方向和工作重点。

目前，全国绝大部分省（自治区、直辖市）已成立森林旅游工作领导小组，2014 年新疆维吾尔自治区组建森林旅游工作领导小组；国家林业局依托中南林业科技大学组建了“森林旅游工程技术研究中心”，从而提高了森林旅游发展的技术支撑能力；中央和国家林业局分别成立中国生物多样性保护国家委员会、全国林业生物多样性保护委员会；山东省成立了森林风景资源评价委员会；贵州省林业厅内设了湿地管理中心。此外，全国森林旅游示范区试点单位总结交流会促进了森林旅游示范区的建设；中国森林旅游信息管理培训班、国家级森林公园管理高级研修班、国家级森林公园主任培训班（第三期）等培训班使旅游从业人员素质明显提高；首届两岸林业论坛、亚洲解说研讨会等加强了我国森林旅游业与国（境）内外的交流与合作。

二、工作部署

广西、山东、甘肃、新疆、吉林、湖北等省（自治区）召开了全省森林等自然资源旅游工作会议（表 1-1），各省在总结发展成效、问题的同时，研究部署下一步工作计划，明确 2014 年度及今后一个时期森林等自然资源旅游发展的指导思想、目标和主要任务。

1. 广西壮族自治区林业厅与自治区旅游发展委员会森林旅游工作磋商会

2014 年 3 月，为进一步深化部门合作，共同推动全区森林旅游的快速发展，自治区林业厅与自治区旅游发展委员会在南宁良凤江国家森林公园召开了森林旅游工作磋商会。会议总结了2013 年全区森林旅游发展现状及良好的发展势头，

表1–1　2014年部分省（自治区）召开的森林等自然资源旅游会议

序号	省（自治区）	时间	会议名称
1	广西	3月	广西壮族自治区林业厅与自治区旅游发展委员会森林旅游工作磋商会
2	山东	4月	山东省森林风景资源评价委员会会议
3	甘肃	6月	甘肃省森林公园和森林旅游工作座谈会
4	新疆	6月	新疆维吾尔自治区森林公园森林旅游工作会议
5	吉林	7月	吉林省森工集团森林公园现场会和森林旅游规划修改讨论会
6	湖北	8月	湖北省国有林场森林旅游工作座谈会

同时对双方关于推进森林旅游发展的合作框架协议及2014年合作推进森林旅游发展计划提出了意见和建议。

2. 山东省森林风景资源评价委员会会议

2014年4月，山东省在济南组织召开了森林风景资源评价委员会会议，会议总结了全省森林风景资源评价工作，与会者交流经验，分析了山东省森林风景资源评价的工作形势，提出了进一步搞好森林公园建设和森林风景资源评价工作任务，会议修订通过了《山东省森林风景资源评价委员会章程》和工作制度，提升了山东省森林公园建设工作的规范化、标准化和科学化水平。

3. 甘肃省森林公园和森林旅游工作座谈会

2014年6月，甘肃省森林公园和森林旅游工作座谈会在甘肃省冶力关国家森林公园召开。会议分析了甘肃省森林旅游的发展现状、制约甘肃省森林旅游发展的因素，并对如何推动甘肃省森林旅游事业快速发展、努力开创甘肃省森林公园建设和森林旅游事业的新局面等问题进行探讨。会议还强调了必须坚持“以保护为主，保护、开发、利用相结合”的方针，积极倡导“绿色旅游”，实现经济效益、社会效益和生态效益的统一，走可持续发展道路。会议要求全省森林公园、森林旅游抓住机遇、做好规划、争取资金、强化管理、形成联动，重点围绕5大特色旅游区，构建多层次森林旅游发展体系；围绕6条精品线路，培养一批“森林庄园”、“森林人家”等森林旅游品牌，合力推进全省森林公园和森林旅游工作。

专栏1　甘肃省5大特色旅游区、6条精品路线

5大特色旅游区：

祁连林海，丝路风情旅游区

黄河山水，生态城市旅游区

秀山丽水，陇上江南旅游区

黄土绿岛，养生陇东旅游区

高山峡谷，雪域藏乡旅游区

6条精品线路：

丝绸之路精品旅游线

兰州—临夏—白银黄河风情旅游线

定西—天水—平凉—庆阳华夏文明寻根旅游线

临夏—甘南民族风情旅游线

陇东南五市中医药养生保健旅游线

甘肃红色革命胜迹旅游线

4. 新疆维吾尔自治区森林公园森林旅游工作会议

2014 年 6 月，新疆维吾尔自治区林业厅召开了新疆森林公园森林旅游工作会议。会议主要总结了“十二五”期间自治区森林公园和森林旅游的发展成效，找准存在的突出问题，研究部署了下一阶段森林公园森林旅游的具体工作。会议指出各级林业、旅游主管部门要把大量珍贵的森林风景资源纳入有效保护范围，坚决制止和依法严厉打击破坏森林资源的行为；坚持统筹规划、整体推进，2014 年要编制完成《新疆维吾尔自治区森林旅游发展规划》。会议期间，新疆林业厅与新疆旅游局共同签订了《关于推进森林旅游发展的合作协议》，协议指出双方将以国家森林公园、国家湿地公园、国家级自然保护区为主体，打造一批森林精品景区、示范景区和生态旅游示范基地。

5. 吉林省森工集团森林公园现场会和森林旅游规划修改讨论会

2014 年 7 月，吉林省森工集团旅游开发部在松江河林业局召开了森林公园现场会和森林旅游规划修改讨论会。与会人员结合森工集团旅游发展实际，总结交流了近年来森林旅游开发建设经验，共同研究了如何加快森林公园发展建设，探索了下一步森工集团森林旅游业发展的新路子，并对《森工集团关于加快发展森林生态旅游的意见（征求意见稿）》和《森工集团旅游总体规划初稿》开展讨论交流，提出修改意见。

6. 湖北省国有林场森林旅游工作座谈会

2014 年 8 月，湖北省国有林场森林旅游工作座谈会在太子山召开。会议就我国森林旅游政策、国内外森林旅游形势及湖北省森林旅游情况、未来森林旅游发展趋势等作了较系统的介绍。会议强调国有林场在确保公益性质不变的前提下，要做好森林抚育与森林旅游相结合工作，要在保护中适度开发，适度开发中做好保护。会议要求各级林业部门要抓好旅游资源普查、做好旅游景区规划、编制旅游招商项目、将森林旅游纳入当地旅游规划体系、组建旅游工作专班等，从而提升湖北省国有林场森林旅游总体水平。

第二章

政策与法制建设

- 全国性法规与规章
- 地方性法规与规章
- 指导性政策

第二章　政策与法制建设

2014年，国家林业局加大对《国家级森林公园管理办法》、《湿地保护管理规定》等法规、规章的宣传力度，并进一步加强森林等自然资源的法制化建设和监管力度，起草《国家级森林公园总体规划审批管理办法》，积极推动《湿地保护条例》的立法进程，修订《国家湿地公园管理办法（试行）》，起草《国际重要湿地管理办法》，发布《国际重要湿地生态特征变化预警方案（试行）》。同时，部分省（自治区、直辖市）也陆续开始编制、修订、出台相关地方性法规规章和政策性指导文件。全国森林等自然资源旅游的法制化建设踏上了一个新的台阶。

一、全国性法规与规章

（一）起草《国家级森林公园总体规划审批管理办法》

2014年，为进一步规范国家级森林公园总体规划的审批程序，国家林业局起草了《国家级森林公园总体规划审批管理办法》，建立了国家级森林公园总体规划评审专家库，不断规范国家级森林公园总体规划的审批工作。

（二）推进《湿地保护条例》立法进程

2014年，国家林业局进一步与相关部门加强沟通协调，推动出台国家湿地保护条例。国家林业局多次征求有关部门意见，并向国务院法制办汇报，根据部门意见对《湿地保护条例（草案）》进行修改和完善，形成了送审稿，有效推进了《湿地保护条例》的立法进程。

（三）修订《国家湿地公园管理办法（试行）》

2014年，为促进国家湿地公园健康发展，规范国家湿地公园建设和管理，根据国家有关规定，国家林业局组织对《国家湿地公园管理办法（试行）》进行修订，并征求了国家相关部委办局意见。

（四）发布《国际重要湿地生态特征变化预警方案（试行）》

2014年3月，国家林业局印发了《国际重要湿地生态特征变化预警方案（试行）》，以下简称《方案》。《方案》明确指出国家林业局负责国际重要湿地生态特征变化预警工作的组织、协调、指导和监督；省级林业主管部门会同有关部门负责组织落实本辖区内的监测和信息报送工作。《方案》规定，预警级别由低到高依次为黄色预警、橙色预警和红色预警三级，依据湿地生态特征监测指标的变化情况确定。《方案》的实施对于湿地生态特征变化的监测、预警具有重要意义，有利于湿地保护和管理。

（五）起草《国际重要湿地管理办法》

我国目前有41个国际重要湿地，《全国湿地保护工程“十二五”实施规划》

专栏2　发布《国际重要湿地生态特征变化预警方案（试行）》

2014年3月6日，国家林业局印发《国际重要湿地生态特征变化预警方案（试行）》，以下简称《方案》，对国际重要湿地生态特征变化实行由低到高的黄色、橙色和红色三级预警。

《方案》明确，国家林业局负责国际重要湿地生态特征变化预警工作的组织、协调、指导和监督，并会同中国履行《湿地公约》国家委员会成员单位联合开展预警会商，组织专项检查，提供咨询建议和技术指导，对有关决策进行科学论证。省级林业主管部门会同有关部门负责组织落实本辖区内的监测和信息报送工作。各国际重要湿地管理机构按要求开展监测，建立监测数据信息管理档案，及时掌握相关信息，为评估、预警提供基础数据。

《方案》提出，选取可直接反映湿地生态特征发生变化的水量、水质、富营养化状况、自然湿地面积、动物、植物等作为生态特征监测指标。各国际重要湿地管理机构可根据湿地的自然条件、生态状况、主要保护对象的不同，自行增加部分监测指标，但须将增加的监测指标报中华人民共和国国际湿地公约履约办公室备案。

依照《方案》，各国际重要湿地管理机构要将每年的监测数据汇总，并经省级林业主管部门上报备案。遇到突发紧急事件造成或可能造成湿地生态特征重大变化时，应立即通过省级林业主管部门上报。国家林业局将会同国家履约委员会有关成员单位每3年对监测结果进行评估，编写各国际重要湿地生态特征变化的趋势报告，通报国务院有关部门。

《方案》规定，预警级别将依据评估结果中监测指标的变化情况确定，由低到高依次为黄色预警、橙色预警和红色预警三级。当国际重要湿地有4项或不超过4项二级监测指标经评估被确定为“有所变化”时，则将其生态特征确定为发生了一般变化，发布黄色预警；当有5项或超过5项二级监测指标经评估被确定为“有所变化”时，则确定为发生了较大变化，发布橙色预警；当有任一项二级监测指标经评估被确定为“明显变化”时，则确定为发生了重大变化，发布红色预警。

当发生黄色预警时，国家林业局将向国际重要湿地所在地省级林业主管部门和国际重要湿地管理机构通报预警信息；发生橙色预警时，除上述单位，国家林业局将向中国履行《湿地公约》国家委员会有关成员单位通报预警信息；发生红色预警时，国家林业局还将向国际重要湿地所在地省级政府通报有关情况。

预警信息发布后，国际重要湿地管理机构和各级主管部门要及时做出响应。必要时，国家林业局要会同国家履约委员会有关成员单位，组织或督促做好应急处置与恢复治理工作。根据预警后所采取措施的效果和生态特征的后续变化情况，国家林业局将在会商国家履约委员会有关成员单位后适时提升、降低预警级别，或解除预警。

《方案》于2014年5月1日起试行。

（林规发〔2012〕273 号）将国际重要湿地的保护恢复列为重要内容。2014 年，国家林业局为湿地保护和可持续利用整章建制，组织起草了《国际重要湿地管理办法》，并征求了国家相关部委办局意见。

二、地方性法规与规章

2014 年，各省（自治区、直辖市）积极建立健全地方性法规规章。天津、辽宁、黑龙江、江苏、福建、江西、湖北、湖南、广东、海南、重庆、贵州、云南、青海 14 个省（直辖市）编制、审核、出台或施行了一系列与森林等自然资源旅游相关的地方性法规规章，详见表 2-1。

表2-1 部分省（直辖市）森林旅游相关条例（办法、规定）的情况

序号	类别	法规法律
1	森林公园	《江苏省省级森林公园管理办法》
2		《广东省林业厅关于森林公园质量等级评定的管理办法（试行）》
3		《重庆市森林人家管理办法》
4		《福建省森林公园管理办法（送审稿）》
5	湿地	《江西省湿地公园管理办法》
6		《湖北省湿地公园管理办法（草案）》
7		《海南省关于加强东寨港红树林湿地保护管理的决定》
8		《重庆市湿地公园管理暂行办法》
9		《云南省省级重要湿地认定办法》
10		《葫芦岛市湿地保护管理办法》
11		《伊春市湿地保护办法》
12		《武汉市湿地自然保护区生态补偿暂行办法》
13		《格尔木市湿地保护管理办法》

（续）

序号	类别	法规法律
14	其他	《天津市生态用地保护红线划定方案》
15		《贵州省林业生态红线划定实施方案》
16		《云南省国家公园管理条例（草案）》
17		《湖南省森林生态效益补偿基金管理办法》

（一）森林公园

《江苏省省级森林公园管理办法》 江苏省于 2014 年 2 月 1 日起实施了《江苏省省级森林公园管理办法》，对培育、保护和合理利用森林风景资源，规范省级森林公园建设和管理，促进生态文明建设，满足人民群众对良好生态的需求具有重要的意义。

《广东省林业厅关于森林公园质量等级评定的管理办法（试行）》 为全面推进森林公园质量等级评定工作，规范森林公园质量等级评定程序，促进森林公园事业的健康持续发展，广东省制定了《广东省林业厅关于森林公园质量等级评定的管理办法（试行）》，办法自 2014 年 5 月 1 日起施行，有效期至 2017 年 4 月 30 日。

《重庆市森林人家管理办法》 森林人家是近年来重庆市打造的一种类似于农家乐的森林旅游形式，为了保证森林人家旅游的服务质量，促进森林人家更好更快地发展，重庆市起草了《重庆市森林人家管理办法》。

《福建省森林公园管理办法（送审稿）》 福建省相关部门就森林公园立法事项征求了各有关单位意见，进行了多次讨论修改，形成了《福建省森林公园管理办法（送审稿）》，并报送福建省人民政府常务会议批准公布施行。

（二）湿地

《江西省湿地公园管理办法》 按照规范性文件实施 5 年应进行修改的要求，江西省林业厅对 2008 年出台的《江西省湿地公园管理办法》（以下简称《办法》）进行了修订。新《江西省湿地公园管理办法》按照总则，对湿地公园的设立、管理、保护、验收等方面的内容进行了修改，对湿地公园的面积、湿地率、功能分区等做了明确的规定，特别规定了试点省级湿地公园验收程序、内容及标准，同时要求各级人民政府与林业主管部门加强对辖区内湿地公园的指导和管理，确保湿地公园的建设、经营和管理遵循“保护优先、科学修复、合理利用、持续发展”的基本原则，不断提高全省湿地公园的建设和管理水平。该《办法》自 2014 年 6 月 10 日起施行，有效期到 2019 年 6 月 10 日，同时废止了 2008 年出台的《江西省湿地公园管理办法》。

《湖北省湿地公园管理办法（草案）》 2014 年 2 月，湖北省省政府常务会议审议通过了《湖北省湿地公园管理办法（草案）》（以下简称《办法（草案）》）。

《办法（草案）》分总则、规划和建设、保护与管理、法律责任等4章30条，突出解决了湿地公园建设和湿地保护过程中遇到的急需解决的实际问题，填补了我国湿地公园管理地方立法的空白，对建设美丽中国、生态湖北，促进人与自然和谐、经济社会永续发展具有重要意义。

《海南省关于加强东寨港红树林湿地保护管理的决定》 2014年3月，海南省海口市第十五届人大常委会第二十次会议表决通过了《海南省关于加强东寨港红树林湿地保护管理的决定》（以下简称《决定》）。《决定》明确了东寨港红树林湿地分为东寨港保护区及依法划定的外围保护水域、三江湿地公园和红树林湿地景观控制区。其中，东寨港保护区划分为核心区、缓冲区和实验区，各区域严格按照有关法律、法规的规定和功能区划进行保护管理；外围保护水域、三江湿地公园和红树林湿地景观控制区内禁止建设污染环境、破坏生态的项目和设施。根据《决定》，海口市将在3～5年内恢复和保护12万亩[①]我国最大面积的红树林湿地。

《重庆市湿地公园管理暂行办法》 2014年4月，为规范重庆市湿地公园的建设与管理，根据国家有关规定，重庆市林业局制定出台了《重庆市湿地公园管理暂行办法》（以下简称《办法》）。《办法》共18条，对湿地公园的定义、保护范畴以及建设和管理的原则，湿地公园的建立和申报条件、申报程序，湿地公园规划的编制、审批、功能分区等做了具体规定；明确规定了湿地保护管理机构的职责权限和禁止行为等。《办法》的颁布实施，规范了重庆市湿地公园的建设，扩大了重庆市湿地保护面积，有效地推动了全市湿地公园的建设，依法保护了全市的湿地资源。

《云南省省级重要湿地认定办法》 2014年11月，《云南省重要湿地认定办法》(以下简称《办法》)下发执行。《办法》明确指出省级重要湿地是指在湿地典型性、生物多样性、生态功能重要性等方面对云南省具有重要意义，符合云南省制定的《省级重要湿地认定》标准的湿地，经过认定后由省政府批准公布的省级重要湿地严格按照《云南省湿地保护条例》进行保护管理。《办法》对促进规范、有序开展云南省重要湿地认定，依法保护湿地发挥积极作用。

《葫芦岛市湿地保护管理办法》 2014年5月，辽宁省葫芦岛市出台了全省首个地级市城市湿地管理办法《葫芦岛市湿地保护管理办法》（以下简称《办法》）。《办法》明确了湿地保护应当遵循“保护优先、突出重点、科学规划、合理利用、持续发展”的原则，并明确了市、县人民政府应当将湿地保护纳入国民经济和社会发展规划，保障用于湿地保护的资金投入。同时要求市、县人民政府开展好湿地保护宣传教育活动，增强公民的湿地保护意识；鼓励单位和个人开展湿地保护科学研究，推广应用湿地保护的先进技术。《办法》出台将进一步强化辽宁省葫

① 1亩＝1/15公顷，下同。

芦岛市湿地保护管理力度，标志着葫芦岛市的湿地保护工作日益走上科学化、法制化的道路。《办法》于 2014 年 8 月起开始实施。

《伊春市湿地保护办法》 依据《黑龙江省湿地保护条例》、国家林业局《湿地保护管理规定》的相关条款，结合伊春市实际情况，伊春市制定了《伊春市湿地保护办法》（以下简称《办法》）。该《办法》涵盖了对湿地的保护、利用和管理等内容，规定了湿地保护工作应遵循“保护优先、科学规划、合理利用和持续发展”的原则；采取建立湿地自然保护区、湿地公园、湿地保护小区等方式，加强城镇周边湿地保护，健全湿地保护体系。此外，明令禁止挖沟、筑坝、开垦湿地等活动，对破坏湿地资源行为将给予处罚。《办法》的颁布施行有力地推动了伊春市湿地资源保护工作的开展，提高了人们的保护意识，使湿地资源得到了有效的保护。《办法》于 2014 年 3 月 1 日正式施行。

《武汉市湿地自然保护区生态补偿暂行办法》 2014 年 1 月 1 日，《武汉市湿地自然保护区生态补偿暂行办法》（以下简称《办法》）正式实施。该《办法》坚持“谁受损，补偿谁”的原则，对具体的补偿对象、补偿标准、生态补偿机制等做出明确规定。《办法》是全国副省级城市中第一个制定的湿地生态补偿试行办法，在一定程度上缓解了保护管理与农民利益之间的矛盾，是武汉市大力推进生态文明建设的重要举措，符合武汉市完善城市生态功能的实际需要。

《格尔木市湿地保护管理办法》 2014 年 6 月 18 日，格尔木市制定并出台了《格尔木市湿地保护管理办法》（以下简称《办法》）。《办法》的制定出台整合了政府、法律、科技、社会力量，将湿地保护管理纳入了法制化、规范化的轨道，构建起了以湿地自然保护区为基础、湿地公园为主体、湿地保护小区为补充的湿地保护体系，对于维护湿地生态功能和生物多样性、促进湿地资源可持续利用、改善生态环境、推进生态文明建设、促进经济社会可持续发展具有十分重要的意义。

（三）其他

《天津市生态用地保护红线划定方案》 2014 年 2 月，天津市人大常委会审议通过了《天津市生态用地保护红线划定方案》（以下简称《方案》）。《方案》首次以法律文件的形式明确规定了红线区内除已审定的规划建设用地外，不得新增建设用地，对山、河、湖、湿地、公园、林带等实行永久性保护。《方案》明确了各类生态用地保护的界线、功能定位及管控要求，提出了健全法规制度、建立考核评价机制等相关实施保障措施。天津市林业部门根据《方案》划定的红线，重点开展了七大类生态用地保护：（1）外环线外侧绿化带；（2）西北防风阻沙林带；（3）交通干线绿化带；（4）沿海防护林带；（5）郊野公园；（6）森林公园，包括九龙山国家森林公园和港北森林公园；（7）青龙湾固沙林自然保护区与大黄堡湿地自然保护区、团泊鸟类自然保护区等湿地及自然保护区。

《贵州省林业生态红线划定实施方案》 2014年11月，贵州省政府正式批准了《贵州省林业生态红线划定实施方案》（以下简称《方案》），明确了贵州省现有的林业生态红线区域、到2020年林业生态保护区域的目标等，并要求各地严格执行，切实做到指标确定、区域划定、管控措施、制度执行、责任追究、资金落实、考核措施等七到位，以维护生态安全，促进生态文明先行示范区建设和经济社会可持续发展。为保护林业生态红线，贵州省实施了林地及湿地用途管制制度；森林采伐限额管理制度；林业生态红线保护目标责任制度；石漠化土地、森林资源和自然湿地修复制度；森林资源及湿地保护责任追究制度；森林和湿地生态效益补偿制度；公共财政资金保障制度等。

《云南省国家公园管理条例（草案）》 《云南省国家公园管理条例（草案）》（以下简称《条例（草案）》）于2014年列入了立法工作计划，各级部门积极配合完成了《条例》（草案）》送审稿的起草、意见征求、立法调研、部门座谈、专题协商和专家论证等相关工作。2014年12月，云南省政府第五十四次常务会议讨论通过了《条例（草案）》。《条例（草案）》分为总则、规划与建设、保护与管理、经营与利用、法律责任、附则6章，共52条。结合国家公园的本质内涵和云南省国家公园试点建设过程中存在的突出问题，《条例（草案）》重点对国家公园的定义、管理体制、资源有偿使用与生态补偿制度、特许经营制度等方面做出了规定。

《湖南省森林生态效益补偿基金管理办法》 2014年3月，湖南省财政厅、湖南省林业厅联合印发了《湖南省森林生态效益补偿基金管理办法》（湘财农〔2014〕1号）（以下简称《办法》）。《办法》主要包括公益林生态效益补偿标准与分配原则、资金拨付与管理使用、公益林管护与检查监督等三个方面。《办法》是湖南省首个关于森林生态效益补偿基金管理的规范性文件，为规范和加强湖南省森林生态效益补偿基金的管理，提高资金使用效益，建立公益林补偿长效机制，维护公益林林权权利人的合法权益，提升公益林经营管理水平，促进生态林业民生林业持续健康稳定发展打下了坚实基础。

三、指导性政策

为实施森林等自然资源旅游发展战略，根据国家林业局、国家旅游局进一步挖掘森林旅游发展潜力和提升发展水平的要求，云南、甘肃分别起草《云南省林业厅 云南省旅游发展委员会关于加快发展森林旅游的意见》、《关于加快发展甘肃省森林旅游工作的意见（草拟稿）》。2014年，四川、山东、广西、宁夏、广东、浙江分别出台指导性意见和政策，详见表2-2，对森林休闲养生业发展、加快森林公园发展、森林公园的建设、湿地公园建设等方面提出了实质性建议，进一步明确加快森林等自然资源旅游的指导思想、基本原则、总体目标，并对重点工作和保障措施做了相应部署。

表2-2　2014年部分省（自治区）出台关于加快森林等自然资源旅游指导性意见

序号	出台单位	出台时间	文件名称
1	四川省林业厅	2月	《2014年森林公园业务工作目标考核实施细则》
2	山东省林业厅	3月	《关于进一步加强湿地公园建设管理的通知》
3	广西壮族自治区林业厅	4月	《关于加快森林公园发展的意见》
4	宁夏回族自治区林业厅	4月	《市民休闲森林公园建设技术指导意见》
5	广东省林业厅	10月	《广东省市、县和镇森林公园体系建设指引》
6	浙江省林业厅	12月	《关于加快森林休闲养生业发展的意见》

（一）加快森林休闲养生业发展

浙江省　2014年12月，浙江省林业厅和浙江省旅游局联合出台了《关于加快森林休闲养生业发展的意见》（以下简称《意见》）。《意见》指出要充分发掘利用当地自然景观、森林环境、民俗风情、休闲养生等资源，通过试点示范、综合协调、产业融合，开发建设度假、游憩、疗养、保健、养老、娱乐等旅游休闲养生产品，打造进森林氧吧、品森林美食、赏森林美景的森林旅游养生品牌，实现市民进森林、农民增收入的目标。

专栏3　浙江省《关于加快森林休闲养生业发展的意见》摘要

浙林产〔2014〕103号

各市、县（市、区）林业局、旅游局（委）：

为深入贯彻落实省委十三届五次全会《关于建设美丽浙江 创造美好生活的决定》和省委、省政府《关于加快推进林业改革发展 全面实施五年绿化平原水乡 十年建成森林浙江的意见》（浙委发〔2014〕26号）及省政府《关于加快培育旅游业成为万亿产业的实施意见》（浙政发〔2014〕42号）精神，现就加快推进森林休闲养生业发展提出如下意见：

一、重要意义

森林休闲养生业是森林旅游发展的新业态，发展森林休闲养生业是发挥森林多种功能的必然要求；也是促进从砍树到看树、从观光到休闲、从赏景到养生的林业产业转型升级的根本需要，是促进山区经济发展、农民增收的有效途径。

二、目标原则

（一）主要目标

打造进森林氧吧、品森林美食、赏森林美景的森林旅游养生品牌，打造一流的森林休闲养生福地，实现市民进森林、农民增收入。

（二）基本原则

1.生态优先，合理利用；2.以人为本，重在养生；

3.产业融合，创新发展；4.统筹协调，整体推进。

三、主要任务

（一）提升森林景观；（二）营建森林氧吧；

（三）修复森林古道；（四）发展森林人家；

（五）开发森林产品；（六）挖掘森林文化。

四、政策措施

（一）创新机制，增强活力；（二）加大投入，完善设施；

（三）加强宣传，积极引导；（四）加强领导，规范发展。

浙江省林业厅　浙江省旅游局

2014年12月25日

（二）加快森林公园发展

广西壮族自治区　2014年4月，为深入贯彻党的十八大、十八届三中全会、广西壮族自治区旅游发展大会精神和广西壮族自治区林业工作思路，进一步加快森林公园建设步伐，推动森林旅游全面、健康、持续发展，广西壮族自治区林业厅印发了《关于加快森林公园发展的意见》，内容包括：(1) 充分认识新形势下加快森林公园发展的重大意义，大力发展森林公园，把生态优势转化为产业优势和经济优势，对推进现代林业科学发展、繁荣生态文化、壮大绿色产业、实现兴林富民具有重要意义；(2) 森林公园的发展以科学发展观为指导，紧紧围绕生态文明示范区、林业强区和“美丽广西”建设目标，加快森林公园建设步伐；(3) 加大建设力度，扩大森林公园数量，认真做好森林公园建设的总体布局规划；(4) 发展体制改革，建立适应社会主义市场经济，有利于森林风景资源保护和森林旅游产业发展要求的森林公园管理体制和运行机制；(5) 加大市场营销，提高知名美誉度，各级林业部门要主动加强与旅游、宣传、新闻、文化等部门的联系，积极开拓国内外森林旅游市场；(6) 联动开发产业，推动区域经济发展，把森林公园建设和森林旅游发展与群众致富、林区社会经济发展紧密结合起来，促进农民就业增收；(7) 繁荣生态文化，加强生态保护，强化安全管理，营造和谐有序环境。

四川省 根据《四川省林业厅2014年工作要点》，按照林业发展思路等要求，四川省加大了对森林公园的业务指导力度，并于2014年2月下发了《2014年森林公园业务工作目标考核实施细则》(以下简称《实施细则》)。《实施细则》主要从机构编制、项目管理、规划建设、监督检查、统计等方面做出了考核规定,《实施细则》要求:(1) 全省21市 (州) 林业部门明确森林公园日常管理科室、负责人和经办人，并督促指导本地区森林公园建立管理机构；(2) 按照全省森林公园“建设标准化、管理信息化、经营规范化和社区现代化”要求，对本地区国家级森林公园财政转移支付资金项目或省级森林公园补助资金项目，以及芦山地震灾后森林公园恢复重建项目进行有效监管；(3) 加强指导本地区省级以上森林公园总体规划编制或修编工作，制定完成本地区森林公园总体规划编制工作方案;(4) 继续开展森林公园监督检查工作，对森林公园实行常态化管理，对无机构、无人员、无规划的森林公园进行综合治理和整顿，切实增强林业部门管理森林公园的主体地位；(5) 建立森林公园统计台账，按时上报本地区森林公园年度统计报表，保证数据质量。

(三) 明确森林公园建设指导意见

广东省 2014年9月，为全面贯彻落实《中共广东省委、广东省人民政府关于全面推进新一轮绿化广东大行动的决定》(粤发〔2013〕11号) 和《广东省森林公园和湿地公园体系建设规划 (2013–2017年)》，进一步规范市、县和镇森林公园体系建设行为，促进森林公园健康持续发展，广东省林业厅制定了《广东省市、县和镇森林公园体系建设指引》。《广东省市、县和镇森林公园体系建设指引》明确指出设立森林公园的基本条件和批准程序、森林公园的规划和建设要求以及森林公园的日常管理等，通过对森林公园体系建设工作的指导与协调，促进森林公园规范、快速建设。

宁夏回族自治区 2014年4月，宁夏回族自治区林业厅出台了《市民休闲森林公园建设技术指导意见》(以下简称《意见》)。市民休闲森林公园建设是2014年美丽宁夏建设的重点工程，《意见》从功能分区、基本条件、建设内容等方面规范了宁夏回族自治区市民休闲森林公园的建设。《意见》规定市民休闲森林公园应包括森林生态区、游览观赏区、休闲娱乐区、物种保护区等，要突出当地的历史文化和民俗风情等特色，凸显森林公园的生态美、形态美、色彩美、动态美、听觉美、嗅觉美、结构美、质感美。同时要求，公园内林木绿化美化覆盖面积占公园陆地面积75%以上。坚持适地适树，以乡土树种为主，做到四季有景、季相丰富、景观优美。《意见》要求市民休闲森林公园选址应当在城市规划区、城市控制区、城市郊区等交通便利的地方，占地以非耕地为主，尽量利用现有自然地形和原生植被。建设规模应根据未来20年城市规划人口等状况，规划建设面积为1000～5000亩。《意见》还要求市民休闲森林公园要合理规划森林保健疗养设施，建立濒危珍稀物种收集区、植物观赏区、湿地野生动物栖息地等，把市民休闲森林公园打造成城市绿肺、人文展示平台和重要的生态屏障。

（四）加强湿地公园建设管理

山东省 2014年3月，山东省林业厅下发了《关于进一步加强湿地公园建设管理的通知》（以下简称《通知》）。《通知》强调各地林业主管部门和湿地公园管理机构要明确目标、强化责任、规范管理，加强管理机构建设，明晰土地资源权属，认真开展资源监测，切实加强资源保护，努力提高管理水平，稳妥开展生态旅游。《通知》明确了湿地公园建设的发展方向，要求各地林业主管部门开拓思路、多措并举、创新体制机制，切实履行起湿地保护主管部门的职责，加大对湿地公园的宣传力度，完善社会和舆论监督，推进湿地公园健康有序发展。《通知》要求各地林业主管部门和湿地公园管理机构要强化湿地公园科学规划，突出湿地公园特色和个性；要加强建设过程中的监管，严格按照规划设计方案和公益要求规范施工，并由林业主管部门按时验收。

第三章
规划与标准化建设

■ 全国性发展规划

■ 地方性发展规划

■ 森林旅游目的地规划

■ 标准化建设

第三章 规划与标准化建设

2014年，森林等自然资源旅游发展规划与标准化建设进一步加强，国家林业局印发了《全国森林等自然资源旅游发展规划纲要（2013–2020年）》，启动了《全国城镇森林公园发展规划（2015–2025年）》、《全国湿地保护“十三五”工程实施规划》、《国家沙漠公园发展规划（2016–2025年）》的编制；部分省（自治区、直辖市）积极推进森林等自然资源旅游总体规划编制工作和标准化建设，国家级森林公园、国家级自然保护区积极组织编制总体规划，进一步夯实了森林等自然资源的发展基础。

一、全国性发展规划

（一）印发《全国森林等自然资源旅游发展规划纲要（2013–2020年）》

《全国森林等自然资源旅游发展规划纲要（2013–2020年）》（以下简称《纲要》）是我国第一个指导森林等自然资源旅游发展的纲领性文件，它是规范和促进森林等自然资源旅游发展的重要依据。2014年3月，国家林业局印发了《纲要》，旨在明确当前和今后一个时期林业旅游资源的发展方向和工作重点，进一步发挥森林旅游在加快生态文明建设和美丽中国建设中的重要作用。

专栏4 《全国森林等自然资源旅游发展规划纲要(2013—2020年)》解读

1.森林等自然资源占全国旅游资源总规模的六成

我国幅员辽阔，自然条件复杂，生物种类丰富，群落类型繁多。全国现有29亿亩森林、5亿亩自然湿地和几十亿亩荒漠，这些资源与灿烂的华夏文明、多姿多彩的民俗风情有机结合，为森林等自然资源旅游发展奠定了坚实的基础。据估算，森林等自然资源约占全国旅游资源总规模的60%。

2.森林等自然资源旅游发展让地方增效、百姓受益

森林等自然资源旅游的发展，在促进区域经济发展和改善民生中发挥了越来越重要的作用。由于大部分森林等自然资源旅游目的地地处偏远，因而使得地方经济欠发达，林农收入水平较低，而森林等自然资源旅游恰恰在发展山区经济、促进民生改善中具有天然的地缘优势，通过把资源优势转化为经济优势，许多曾经被看成是“穷山恶水”的偏僻地区成了远近闻名的旅游胜地，当地百姓依托旅游业走上了致富路。

3.多方关注为森林等自然资源旅游发展增添动力

进入21世纪以后，发展森林等自然资源旅游的重要性得到了社会各界的一致认可，得到了地方各级党委、政府的高度重视和支持，并引起了党中央、国务院的高度关注。森林等自然资源旅游已经成为建设生态林业、发展民生林业的重要内容，是今后一个时期林业重点发展的十大产业之一，并作为林业第三产业的龙头加以重点培育。这些都为森林等自然资源旅游发展营造了一个良好的政策环境条件。

4.2020年形成完善的旅游发展体系

我国将通过科学布局、资源整合、政策引导等方式，在加大自然生态系统和环境保护力度的同时，积极推进森林等自然资源旅游基础设施建设、旅游产品创新和旅游服务质量提升。加强森林等自然资源旅游示范体系建设，推动森林等自然资源旅游不断向规范化、特色化、产业化、社会化、现代化发展，使其成为保护森林资源、促进生态文化传播、带动林农增收、促进区域经济社会协调发展和提升人民生活品质的绿色产业。在满足城乡居民日益增长的生态空间需求的同时，成为展示美丽中国、传播生态文化的重要窗口。

5.精心规划布局设计精品旅游线路

要根据建设区域的自然条件、旅游发展需求和经济发展战略，实事求是地确定重点区域和重点旅游线路，充分利用现有基础设施和条件，深度挖掘地方特色，创新利用各类资源，打造具有鲜明特色和品牌化的旅游产品。

6.八项主要任务推动旅游迈上新台阶

从生态保护方面来说，不仅要加大对珍贵资源的保护力度，明确重点保护目标和保护范围，提出有针对性的、行之有效的保护对策，逐步建立起资源监测体系，还要合理规划建设各类旅游设施，并做好重大旅游开发项目的前期研究及生态环境影响评估等工作；从民生林业角度来讲，只有带动林农增收，才能推动林区经济发展。因此，要引导森林等自然资源旅游景区积极为周边林农提供就业机会，鼓励林农依托各类森林等自然资源旅游相关产业，大力发展直接为森林等自然资源旅游服务的种植业、养殖业和制造业，着力发展“森林人家”，让游客体验“住森林人家、吃绿色食品、呼吸清洁空气、欣赏森林美景、品读自然山水”的人与自然深度融合的森林等自然资源旅游新形式。同时，要引导林农利用森林景观发展旅游，建设经营各具特色的旅游景区（点），不断拓展林农创收渠道和旅游市场的深度与广度。

7.六项措施为旅游发展提供重要支撑

要进一步加强森林等自然资源旅游的管理机构建设，明确分工，落实责任；进一步完善现有法律法规，确立森林等自然资源旅游发展的法律地位；加大国家对森林等自然资源旅游发展的资金扶持力度，对森林等自然资源旅游目的地的基础服务设施建设和从业人员培训给予导向性的资金支持。

（二）编制《全国城镇森林公园发展规划（2015–2025年）》

2014 年，《全国城镇森林公园发展规划（2015–2025 年）》被列入了中共中央办公厅、国务院办公厅印发的《关于落实〈国家新型城镇化规划(2014–2020 年)主要目标和重点任务的分工方案〉和〈2014–2015 年推进新型城镇化工作重点〉》。针对当前城镇居民对森林公园需求越来越大的趋势，为进一步加强城镇生态修复和建设，巩固城镇生态建设发展成果，更好地服务于新型城镇化发展的需要；让居民看得见青山绿水、享受得到生态产品、生活在绿色的城镇中，国家林业局组织开展了对广东、山西两省城镇森林公园发展的调研，组织了对城镇森林公园发展规划编制的专家研讨，启动了《全国城镇森林公园发展规划（2015–2025 年)》的编制工作。

（三）编制《全国湿地保护“十三五”工程实施规划》

2014 年 7 月，根据全国林业系统“十三五”规划编制工作电视电话会议精神和全国湿地保护工程长期规划的总体部署，国家林业局湿地保护管理中心委托国家林业局调查规划设计院开展了《全国湿地保护“十三五”工程实施规划》编制工作。《全国湿地保护“十三五”工程实施规划》编制遵照加大湿地保护力度、扩大湿地面积、增强湿地生态功能、提高湿地生态产品供给能力、实施国家主体功能区来部署；依据进一步优化国土空间开发，严守湿地生态红线，坚持湿地生态保护优先、自然恢复为主等编制原则；开展围垦湿地退还、退还湿地恢复和综合治理、湿地保护体系、能力建设及合理利用示范等工程，为建设美丽中国和实现中华民族伟大复兴的中国梦提供生态保障。

（四）编制《国家沙漠公园发展规划（2016–2025年）》

2014 年，国家林业局组建了由国内知名专家（58 人）组成的国家沙漠公园专家委员会，组织编制《国家沙漠公园发展规划（2016–2025 年)》，为沙漠公园的合理建设、规范管理、长远发展奠定了坚实的基础。

二、地方性发展规划

（一）编制《云南省森林旅游发展规划》

云南省林业厅委托云南省林业调查规划院开展了《云南省森林旅游发展规划（2016–2025 年）》（以下简称《规划》）的编制工作。《规划》在对云南省森林旅游资源和发展现状进行深入剖析的基础上，明确了总体发展思路与目标，进行了科学的时空布局，确定了主要建设内容和发展任务，进一步明确了云南省森林旅游发展方向，促进了云南省森林公园建设与森林旅游事业快速发展。

（二）编制《山西省森林公园“十三五”发展规划》

山西省林业厅按照省厅制定规划大纲、市（县）林业主管部门上报基本素材、有关部门和市（县）与山西省林业规划设计院共同编制规划的思路和步骤，组织开展《山西省森林公园“十三五”发展规划》的编制工作。

（三）编制《内蒙古自治区森林公园发展规划（2014–2025年）》

内蒙古自治区编制完成了《内蒙古自治区森林公园发展规划（2014–2025 年）》（以下简称《规划》），《规划》进一步明确了内蒙古自治区森林公园发展方向和目标，将有力促进内蒙古自治区森林公园建设与森林旅游事业的快速发展。

（四）编制《四川省森林公园建设与发展规划纲要（2014–2025年）》

四川省编制完成了《四川省森林公园建设与发展规划纲要（2014–2025 年）》和《森林公园解说体系总体规划》，提出了今后一段时期内，全省森林公园发展的方向、重点及目标，为全省森林公园的健康稳定发展奠定了基础。

（五）批复《贵州省湿地保护发展规划（2014–2030年）》

2014 年 11 月，贵州省政府批复了《贵州省湿地保护发展规划（2014–2030 年）》（以下简称《规划》）。《规划》全面分析了贵州湿地资源及保护现状，明确了湿地保护功能分区与建设重点，对湿地保护体系、湿地保护管理工程、湿地保护能力建设做了详细规划。《规划》的印发将进一步加强各级人民政府对湿地保护工作的领导，妥善处理好湿地保护发展与地方经济建设和群众生产生活的关系，促进湿地生态系统及生物多样性的有效保护和经济社会可持续发展。

三、森林旅游目的地规划

2014 年 3 月，国家林业局国有林场和林木种苗工作总站印发通知，要求各地填报《国家级森林公园总体规划编制情况调查表》，对国家级森林公园总体规划编制情况进行全面摸底调查。各省（自治区、直辖市）国家级森林公园积极组织编制总体规划，同时，组织评审专家对总体规划进行评审，并上报国家林业局申请批复。

2014年，国家林业局共批复了32个国家级森林公园总体规划和28个国家级自然保护区总体规划，批复了四川王朗国家级自然保护区、黑龙江南瓮河国家级自然保护区等10个国家级自然保护区的生态旅游规划，有力地推动了我国森林等自然资源的旅游建设和管理工作，详见表3-1。

表3—1 2014年国家林业局批复的国家级森林公园总体规划、国家级自然保护区总体规划及国家级自然保护区生态旅游规划

类别	文件号	获批复单位	数量（个）
国家森林公园总体规划	林规发〔2014〕49号	四川美女峰国家森林公园、贵州燕子岩国家森林公园、吉林朱雀山国家森林公园、福建漳平天台国家森林公园、陕西黄陵国家森林公园、浙江四明山国家森林公园	6
	林规发〔2014〕95号	黑龙江五顶山国家森林公园、浙江杭州西山国家森林公园、江西柘林湖国家森林公园	3
	林规发〔2014〕101号	山西太岳山国家森林公园、广东新丰江国家森林公园	2
	林规发〔2014〕130号	江西鹅湖山国家森林公园、四川五峰山国家森林公园、西藏班公湖国家森林公园、安徽大龙山国家森林公园、黑龙江长寿山国家森林公园	5
	林规发〔2014〕158号	吉林兰家大峡谷国家森林公园、上海海湾国家森林公园、江苏游子山国家森林公园、湖南中坡国家森林公园、湖南柘溪国家森林公园、湖南嵩云山国家森林公园、西藏色季拉国家森林公园	7
	林规发〔2014〕193号	内蒙古二龙什台国家森林公园、浙江兰亭国家森林公园、安徽万佛山国家森林公园、安徽齐云山国家森林公园、江西鄱阳莲花山国家森林公园、江西泰和国家森林公园、湖北偏头山国家森林公园、湖北大洪山国家森林公园、湖南西瑶绿谷国家森林公园	9
国家级自然保护区总体规划	林规发〔2014〕12号	湖南炎陵桃源洞国家级自然保护区	1
	林规发〔2014〕16号	甘肃张掖黑河湿地国家级自然保护区	1
	林规发〔2014〕23号	陕西周至国家级自然保护区	1
	林规发〔2014〕26号	吉林汪清国家级自然保护区、福建虎伯寮国家级自然保护区、湖北星斗山国家级自然保护区	3
	林规发〔2014〕41号	陕西紫柏山国家级自然保护区、黑龙江三环泡国家级自然保护区、黑龙江乌裕尔河国家级自然保护区、辽宁大黑山国家级自然保护区	4
	林规发〔2014〕50号	浙江大盘山国家级自然保护区、黑龙江小北湖国家级自然保护区、甘肃尕尔－则岔国家级自然保护区	3
	林规发〔2014〕68号	河南太行山猕猴国家级自然保护区、河南伏牛山国家级自然保护区、广西木论国家级自然保护区	3

（续）

类别	文件号	获批复单位	数量（个）
国家级自然保护区生态旅游规划	林规发〔2014〕118号	陕西平河梁国家级自然保护区、内蒙古大青山国家级自然保护区、辽宁老秃顶子国家级自然保护区	3
	林规发〔2014〕129号	陕西芦芽山国家级自然保护区、江西阳际峰国家级自然保护区、云南黄连山国家级自然保护区	3
	林规发〔2014〕157号	广西崇左白头叶猴国家级自然保护区、海南尖峰岭国家级自然保护区、云南云龙天池国家级自然保护区	3
	林规发〔2014〕165号	陕西灵空山国家级自然保护区、湖南都庞岭国家级自然保护区、广西大明山国家级自然保护区	3
	林护发〔2014〕22号	甘肃白水江国家级自然保护区	1
	林护发〔2014〕46号	云南哀牢山国家级自然保护区	1
	林护发〔2014〕79号	湖南炎陵桃源洞国家级自然保护区	1
	林护发〔2014〕86号	辽宁双台河口国家级自然保护区	1
	林护发〔2014〕105号	内蒙古汗马国家级自然保护区	1
	林护发〔2014〕106号	湖南舜皇山国家级自然保护区	1
	林护发〔2014〕122号	重庆大巴山国家级自然保护区	1
	林护发〔2014〕138号	河南黄河湿地国家级自然保护区（济源段）	1
	林护发〔2014〕148号	黑龙江南瓮河国家级自然保护区	1
	林护发〔2014〕153号	四川王朗国家级自然保护区	1

四、标准化建设

（一）行业标准

1. 森林体验和森林养生的相关标准

2014 年，国家林业局启动了森林体验和森林养生的基础工作，组织相应调研工作，完成了《世界森林体验发展调查报告》、《世界森林养生发展调研报告》，部署了《森林体验基地质量评定》和《森林养生基地质量评定》的标准编制工作。

2. 沙漠公园

2014 年，国家林业局组织制定了《国家沙漠公园总体规划编制导则》和《国家沙漠公园规划与建设导则》。两项导则全面规定了国家沙漠公园总体规划的专项规划、分期建设规划、投资估算及效益评价、规划成果与深度要求。

（二）地方标准

1. 广东省

发布《广东省森林公园质量等级划分与评定》标准　2014 年 3 月，广东省发布《广东省森林公园质量等级划分与评定》标准，它是全国首个森林公园质量等级评定的地方标准。该标准的颁布施行将使广东省森林公园建设和管理步入规范化、标准化、科学化的管理轨道，促进森林风景资源的合理利用和生态保护，有利于维护森林公园和旅游者的合法权益，对森林公园发展起到规范和导向作用。

2. 云南省

发布《云南省森林旅游示范区评定规程》 2014 年 9 月，云南省林业厅保护处组织编制的《云南省森林旅游示范区评定规程》由云南省质量技术监督局正式批准发布，标准编号为 DB53/T 627–2014，该标准于 2014 年 12 月 30 日起实施。该规程是云南省发布的首项森林旅游地方标准，规定了森林旅游示范区的评定方法、程序、指标及权重、分值计算，适用于云南省森林旅游示范景区、示范村的申报与评定。该项标准的发布实施，将促进云南森林旅游产业的标准化、规范化、科学化发展。

发布《云南省湿地生态监测》标准 2014 年 11 月，云南省质量技术监督局正式批准发布《云南省湿地生态监测》标准。该标准由云南省林业厅组织制定，针对云南省湿地生态系统的典型性、特殊性和复杂性，标准共分为 7 个部分，即总则、类型与分布、植被、植物、动物、环境、保护状况，每个部分可单独实施，7 个部分综合起来形成一个完整的体系。该标准的批准实施是规范开展全省湿地生态监测工作、掌握湿地资源动态变化、了解湿地生态特征及其生态演变过程和规律、评估湿地保护管理成效的重要技术支撑，为建立湿地动态监测评估机制奠定了基础。该标准于 2015 年 1 月 15 日起实施。

3. 青海省

审定通过《青海省湿地监测技术规程》 2014 年 6 月，青海省质量技术监督局组织审定了《青海省湿地监测技术规程》（以下简称《规程》）。《规程》规定了湿地监测的主要内容、监测指标、技术方法、监测频次、监测站位布设、监测报告编写格式等技术要求。《规程》的制定和实施为青海湿地资源监测规范化管理、标准化监测提供了科学依据，将对青海湿地资源的保护起到积极的推动作用。

第四章

目的地建设

- 景区规模
- 景区建设
- 生态文明教育基地建设

第四章　目的地建设

我国的森林公园分为国家级、省级、县（市）级三个等级；林业自然保护区分为国家级、省级、市级和县级四个等级；湿地公园分为国家级、省级、县级三个等级。2014 年，全国森林等自然资源旅游景区规模逐步扩大，资金投入不断加大，覆盖全国的森林等自然资源景区体系已基本形成；森林等自然资源旅游基础设施条件不断改善，基本形成了吃、住、行、游、购、娱等各项配套的硬件设施。

一、景区规模

2014 年，全国森林等自然资源旅游景区规模逐步壮大，森林公园、湿地公园以及林业系统自然保护区总数达 6269 处，其中森林公园 3101 处，林业系统自然保护区 2189 处，湿地公园 979 处，详见图 4-1。森林公园、林业系统自然保护区、湿地公园总面积达到 14565.83 万公顷，其中森林公园面积 1780.54 万公顷，占总面积的 12.22%；林业系统自然保护区面积 12466.29 万公顷，占总面积的 85.59%；湿地公园 319.00 万公顷，占总面积的 2.19%，详见图 4-2。其中，提供森林旅游服务的森林公园、湿地公园以及林业系统自然保护区面积 3420.9 万公顷，约占国土面积的 3.56%。同时还建立了一大批植物园、野生动物园和沙漠景观旅游区。

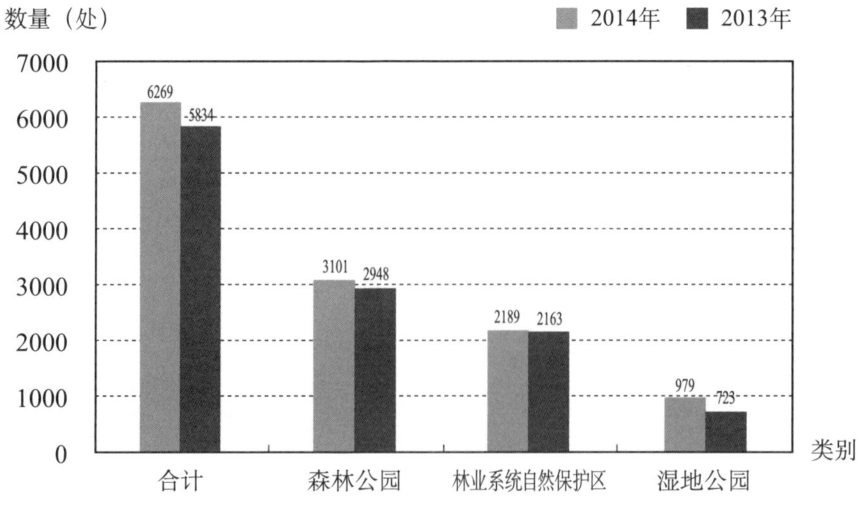

图4-1　2013年与2014年主要森林资源旅游景区数量

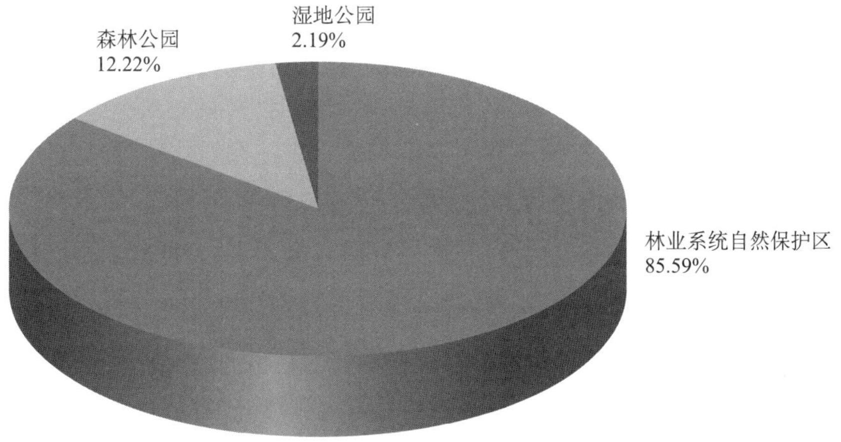

图4–2 2014年主要森林等自然资源旅游景区面积结构

（一）森林公园

截至 2014 年底，全国共建立森林公园 3101 处，比 2013 年增加了 153 处，同比增长 5.19%；总面积 1780.54 万公顷，比 2013 年增加了 22.54 万公顷，同比增长 1.28%。其中：国家级森林公园 792 处（含国家级森林旅游区 1 处），比 2013 年增加了 12 处，面积 1226.10 万公顷，比 2013 年增加了 11.77 万公顷；省级森林公园 1428 处，比 2013 年增加了 57 处，面积 432.13 万公顷，比 2013 年增加了 10.53 万公顷；县（市）级森林公园 881 处，比 2013 年增加了 84 处，面积 122.31 万公顷，比 2013 年增加了 0.23 万公顷。广东、山东、浙江、福建、江西、河南、山西、湖南、四川、河北 10 个省的森林公园总数超过 100 处，详见表 4-1。2014 年新增加

表4–1 2010–2014年森林公园总数超过100处的省份名单

序号	省份	2014年森林公园总数（处）	2013年森林公园总数（处）	2012年森林公园总数（处）	2011年森林公园总数（处）	2010年森林公园总数（处）
1	广东	532	460	457	458	424
2	山东	251	242	239	224	209
3	浙江	199	195	177	169	155
4	福建	178	178	178	138	107
5	江西	175	169	162	156	155
6	河南	170	160	150	146	133
7	山西	127	111	111	111	111
8	湖南	123	119	113	110	105
9	四川	123	121	119	116	108
10	河北	101	93	93	89	80

的国家森林公园 12 处，详见附录一。全国森林公园总数以及国家级森林公园、省级森林公园以及县（市）级森林公园总数与面积情况，详见图 4-3、图 4-4。

我国幅员辽阔，各区域的自然历史条件差异较大，资源禀赋和经济、社会发展不平衡，致使我国森林公园的分布呈现出明显的区域差异特征。森林等自然资源旅游在总体上呈现东强西弱、南强北弱的特征。

按照东部、中部、西部、东北部四个地区进行 2014 年全国森林公园数量和面积统计，详见图 4-5、图 4-6。东部地区森林公园总数 1390 处，比 2013 年增加 94 处，同比增长 7.25%；面积 305.50 万公顷，比 2013 年增加 2.85 万公顷，

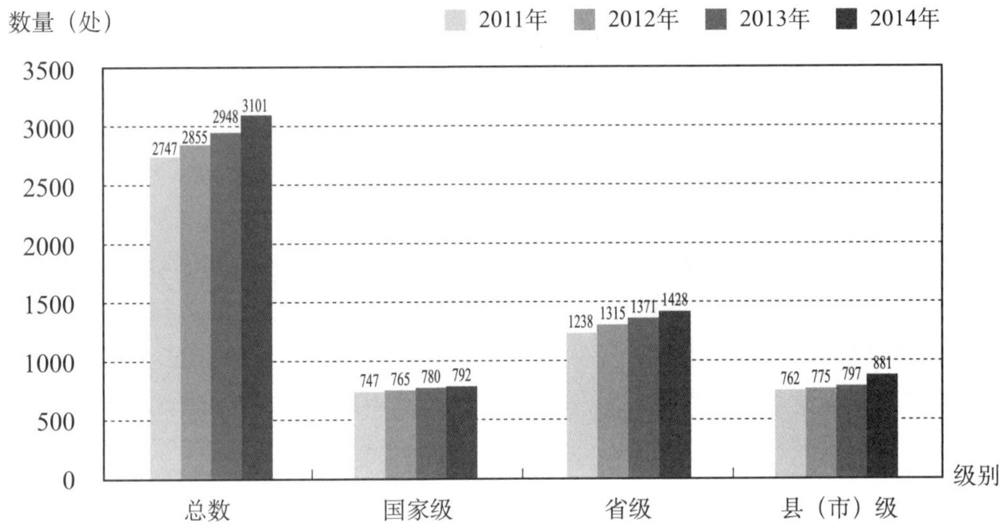

图4—3 2011—2014年各级别森林公园数量变化情况

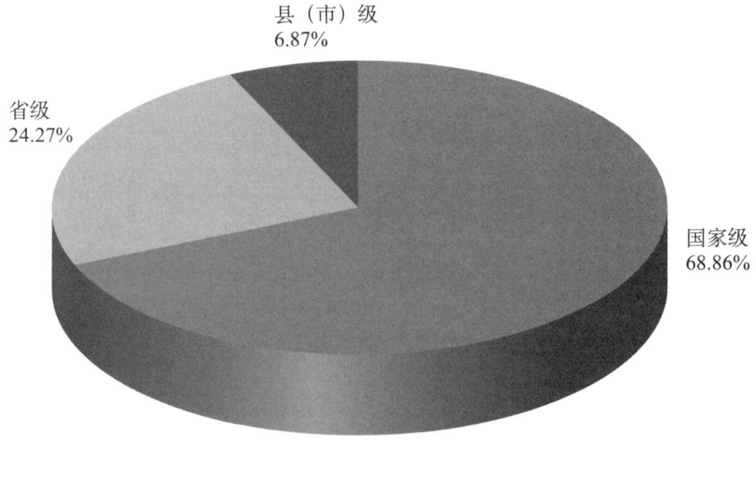

图4—4 2014年各级别森林公园面积所占比例

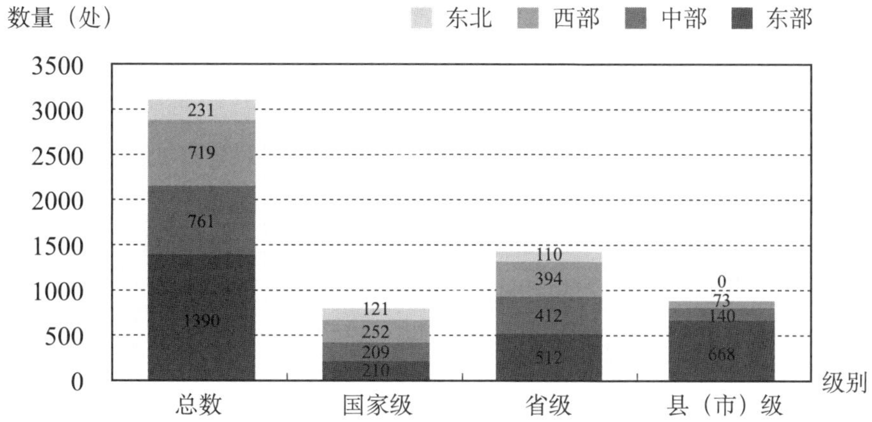

图4–5　2014年全国森林公园数量分布情况

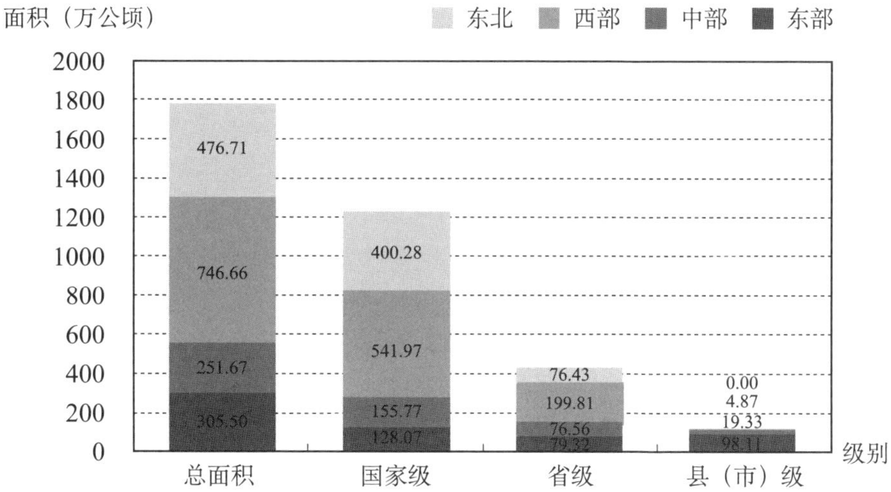

图4–6　2014年全国森林公园面积分布情况

同比增长0.94%。其中：国家级森林公园210处，比2013年增加4处，面积128.07万公顷，比2013年增加1.69万公顷；省级森林公园512处，比2013年增加10处，面积79.32万公顷，比2013年增加1.11万公顷；县（市）级森林公园668处，比2013年增加80处，面积98.11万公顷，比2013年增加0.05万公顷。

中部地区森林公园总数761处，比2013年增加43处，同比增长5.99%；面积251.67万公顷，比2013年增加7.25万公顷，同比增长2.96%。其中：国家级森林公园209处，比2013年增加6处，面积155.77万公顷，比2013年增加3.03万公顷；省级森林公园412处，比2013年增加33处，面积76.56万公顷，比2013年增加3.99万公顷；县（市）级森林公园140处，比2013年增加4处，面积 19.33 万公顷，比 2013 年增加 0.23 万公顷。

西部地区森林公园总数 719 处，比 2013 年增加 16 处，同比增长 2.28%；面积 746.66 万公顷，比 2013 年增加 5.83 万公顷，同比增长 0.79%。其中：国家级森林公园 252 处，比 2013 年增加 2 处，面积 541.97 万公顷，比 2013 年增加 0.65 万公顷；省级森林公园 394 处，比 2013 年增加 14 处，面积 199.81 顷，比 2013 年增加 5.21 万公顷；县（市）级森林公园 73 处，与 2013 年相比，数量没有增加，面积 4.87 公顷，比 2013 年减少 0.04 万公顷。

东北部地区森林公园总数 231 处，与 2013 年相比，没有增加；面积 476.71 万公顷，比 2013 年增加 6.60 万公顷，同比增长 1.40%。其中：国家级森林公园 121 处，与 2013 年相比，没有增加，面积 400.28 万公顷，比 2013 年增加 6.39 万公顷；省级森林公园 110 处，与 2013 年相比，没有增加，面积 76.43 万公顷，比 2013 年增加 0.22 万公顷。

（二）自然保护区

截至 2014 年底，全国各级林业系统自然保护区数量 2189 处，总面积 12466.29 万公顷，约占国土面积的 12.98%，占全国自然保护区总数量的 80.02%，占全国自然保护区总面积的 84.80%。其中：国家级自然保护区 346 处，占总数的 15.81%，面积 8109.63 万公顷，占总面积的 65.05%；省级自然保护区 683 处，占总数 31.20%，面积 3153.12 万公顷，占总面积的 25.29%；地市级自然保护区 307 处，占总数的 14.02%，面积 534.36 万公顷，占总面积的 4.29%；县级自然保护区 853 处，占总数的 38.97%，面积 669.18 万公顷，占总面积的 5.37%，详见图 4-7。2014 年新增国家级自然保护区 20 处，详见附录二。

截至 2014 年底，提供森林旅游服务的林业系统自然保护区数量 457 处，面

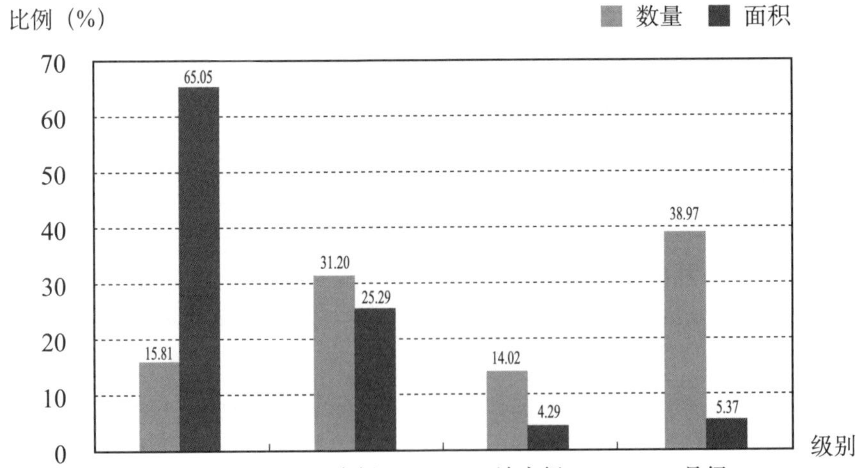

图4-7　2014年各级别自然保护区总数量与总面积的比例

积 1323.06 万公顷。其中：国家级自然保护区 149 处，面积 863.54 万公顷；省级自然保护区 178 处，面积 410.67 万公顷；地、县及以下的自然保护区 130 处，面积 48.85 万公顷。

截至 2014 年底，林业系统自然保护区中，森林生态系统类型有 1349 处，面积 3515.11 万公顷；湿地生态系统类型有 428 处，面积 3161.14 万公顷；荒漠生态系统类型有 36 处，面积 3740.20 万公顷；野生植物类型有 117 处，面积 150.20 万公顷；野生动物类型有 245 处，面积 1870.19 万公顷。此外，还有自然遗迹类型 12 处，面积 27.14 万公顷；草原草甸类型 2 处，面积 2.31 万公顷。不同类型自然保护区数量和面积所占比例详见表 4-2。

表4–2 2014年全国林业系统不同类型自然保护区所占比例

类型	数量（处）	占总数比例（%）	面积（万公顷）	占总面积比例（%）
森林生态系统	1349	61.63	3515.11	28.20
湿地生态系统	428	19.55	3161.14	25.36
荒漠生态系统	36	1.64	3740.20	30.00
野生植物	117	5.35	150.20	1.20
野生动物	245	11.19	1870.19	15.00
草原草甸	2	0.09	2.31	0.02
自然遗迹	12	0.55	27.14	0.22

（三）湿地公园

截至 2014 年底，全国各级湿地公园数量达 979 处，比 2013 年增加了 256 处，同比增长 35.41%；总面积 319.00 万公顷。其中：国家湿地公园 569 处，比 2013 年增加了 140 处，面积 275.50 万公顷，比 2013 年增加了 46.00 万公顷；省级湿地公园 340 处，面积 38.00 万公顷；县级湿地公园 70 处，面积 5.50 万公顷。2014 年新增国家湿地公园 140 处，详见附录四，其分布见表 4-3。

（四）沙漠公园

广袤的荒漠戈壁大多分布在西部和北部地区，2014 年，在内蒙古、甘肃、青海、宁夏、新疆等省（自治区）新批复了 32 个国家沙漠公园开展试点建设，详见附录五，总面积约 164.87 万公顷，其中新疆维吾尔自治区有 14 个国家沙漠公园开展试点建设，总面积为 12.65 万公顷。

（五）国家生态公园试点

为探索林业生态建设在不同国土空间、不同生态功能区所发挥的作用，根据各地方实际需要，国家林业局 2014 年开始批准实施国家生态公园试点建设，

表4-3 2014年新增国家湿地公园

东部地区		中部地区		西部地区				东北地区	
省份	数量	省份	数量	省份	数量	省份	数量	省份	数量
北京	1	山西	4	内蒙古	4	青海	8	吉林	4
天津	1	河南	8	广西	7	宁夏	1	黑龙江	8
河北	2	湖北	11	重庆	4	新疆	9		
山东	11	湖南	17	四川	6				
江苏	2	江西	5	贵州	11				
浙江	2			云南	4				
福建	1			西藏	2				
广东	3			陕西	4				

2014 年 10 月 20 日，国家林业局正式发文批复内蒙古自治区包头市昆都仑区、浙江省开化县、重庆市南川区 3 个区（县）开展国家生态公园试点建设，这标志着我国首批国家生态公园试点建设正式展开。各有关省（自治区、直辖市）林业主管部门将国家生态公园纳入森林公园管理体系，努力将国家生态公园建设成为生态环境保护基地、生态文明宣传基地、生态旅游休闲基地、生态成果展示基地和生态福祉共享基地。

专栏5　国家林业局关于同意内蒙古自治区包头市昆都仑区、浙江省开化县、重庆市南川区开展国家生态公园试点建设的函

林场发〔2014〕152号

内蒙古自治区、浙江省、重庆市林业厅（局）：

《内蒙古自治区林业厅关于转报包头市昆都仑区农牧林水局关于申建内蒙古包头市昆都仑国家生态公园的报告》（内林办发〔2014〕266号）、浙江省林业厅《关于要求将开化县列入国家东部生态公园试点县的请示》（浙林〔2013〕82号）和《重庆市林业局关于设立南川区山王坪喀斯特国家生态公园的请示》（渝林产〔2014〕14号）收悉。经研究，我局同意内蒙古自治区包头市昆都仑区、浙江省开化县、重庆市南川区开展国家生态公园试点建设。

各有关省（自治区、直辖市）林业主管部门要高度重视国家生态公园试点建设，将国家生态公园作为巩固生态建设成果、展示林业建设成就、完善生态保护体系、服务民生福祉的重要平台切实抓紧抓好。要将国家生态公园纳入森林公园管理体系，明确国家生态公园建设范围、建设内容、建设目标和主要任务。鼓励和引导国家生态公园积极探索在实施国土空间战略中的功能、定位、管理模式、运行机制和政策措施，及时总结和推广国家生态公园试点建设的好经验好做法，努力将国家生态公园建设成为生态环境保护基地、生态文明宣传基地、生态旅游休闲基地、生态成果展示基地、生态福祉共享基地，为保护生态环境、转变发展方式、推动区域社会经济可持续发展，探索路子、积累经验、做出示范。

请及时将试点情况报告我局。

国家林业局办公室
2014年10月20日

（六）其他

2014 年，其他森林等自然资源旅游景区如植物园、野生动物园、林业生态观光园和生态文明教育基地也呈现出不同程度的增加趋势。

2014 年，新增河南新郑国家古枣林公园 1 处，这是继河南洛阳国家牡丹园、江苏邳州国家银杏博览园、河南鄢陵国家花木博览园、江苏泰兴国家古银杏公园之后，国家林业局批准的第 5 个国家级林业专类公园。

二、景区建设

（一）基础服务设施建设

2014 年，森林旅游景区基础服务设施不断完善。截至 2014 年底，全国森林公园共有旅游车船 34740 台（艘），比 2013 年减少 3076 台（艘），同比减少 8.13%；共拥有游步道 78128.75 千米，比 2013 年增加 3938.78 千米，同比增长 5.31%；森林公园、湿地公园、沙漠公园、林业自然保护区接待游客的床位总数达到 160 万张，接待餐位总数 330 万个。2010–2014 年全国森林公园旅游景区基础服务设施规模情况详见表 4-4、图 4-8、图 4-9。

（二）资金投入

2014 年，全国森林等自然资源旅游景区的资金投入情况，以森林公园为例，全国森林公园共投入资金 457.70 亿元，比 2013 年减少 28.99 亿元，同比减少

表4-4　2010—2014年全国森林公园旅游景区基础服务设施情况

基础设施类型（单位）	2014年		2013年		2012年		2011年		2010年
	数量	同比增长（%）	数量	同比增长（%）	数量	同比增长（%）	数量	同比增长（%）	数量
车船（艘）	34740	－8.13	37816	12.58	33591	8.01	31100	23.20	25244
步道（千米）	78128.75	5.31	74189.97	15.50	64232.78	6.43	60350.33	10.39	54672.40

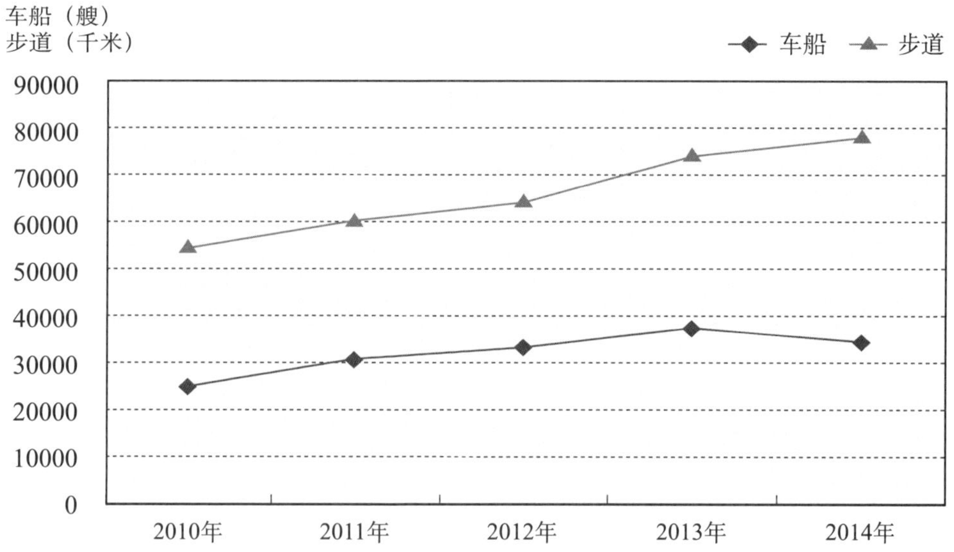

图4-8　2010—2014年全国森林公园旅游景区基础服务设施情况

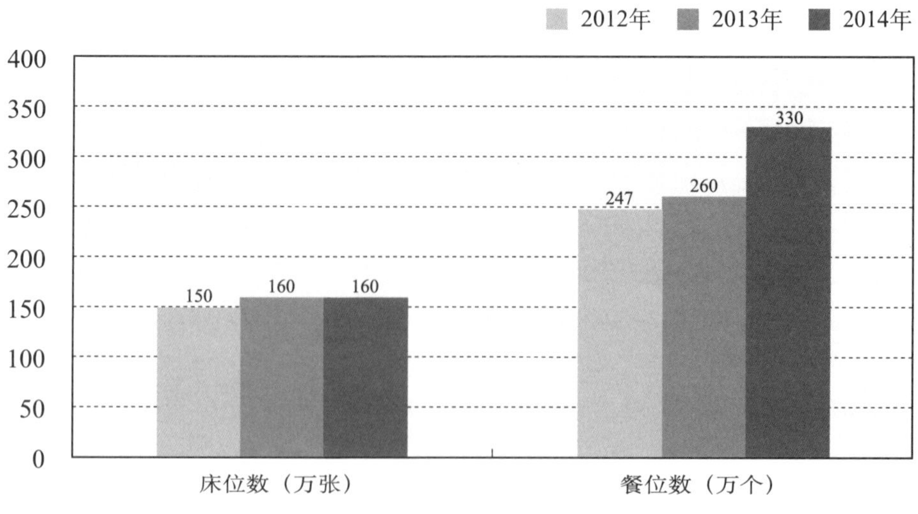

图4-9　2012—2014年森林旅游床位数、餐位数变化

5.96%，详见图 4-10。资金来源主要有国家投入资金 105.43 亿元，占投入资金总数的 23.03%；自筹资金 121.75 亿元，占投入资金总数的 26.60%；招商引资 230.52 亿元，占投入资金总数的 50.37%，详见图 4-11。

分区域看，东部地区森林公园共投入资金 136.63 亿元，占全国森林公园总投入资金的 29.85%，比 2013 年减少 1.87 亿元，同比减少 1.35%；中部地区森林公园共投入资金 109.74 亿元，占全国森林公园总投入资金的 23.98%，比 2013 年增加 42.22 亿元，同比增长 62.53%；西部地区森林公园共投入资金 132.29 亿元，占全国森林公园总投入资金的 28.90%，比 2013 年增加 32.34 亿元，同比

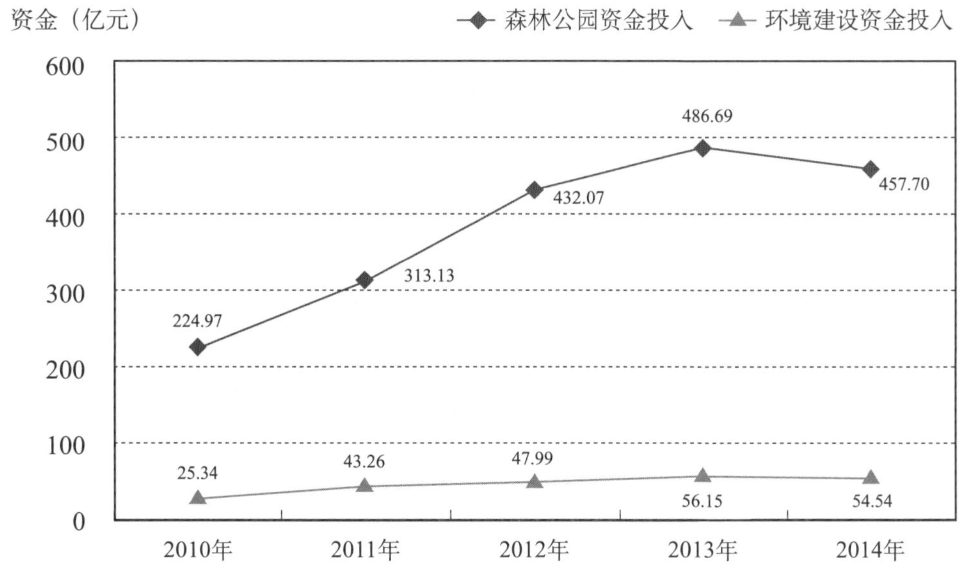

图4-10 2010—2014年全国森林公园及其环境建设资金投入情况

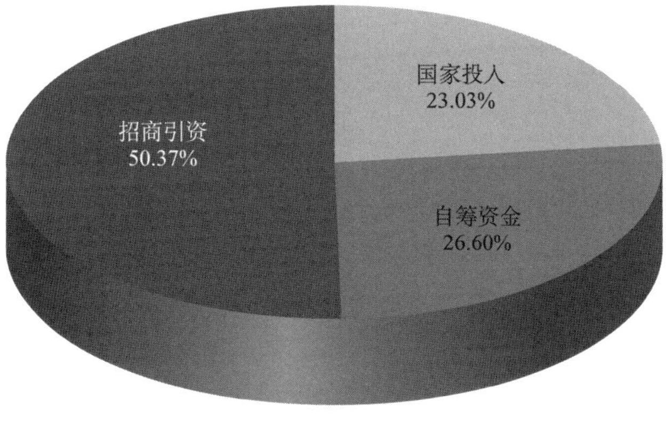

图4-11 2014年全国森林公园投入资金来源所占比例

增长 32.36%；东北地区森林公园共投入资金 79.03 亿元，占全国森林公园总投入资金的 17.27%，比 2013 年减少 101.7 亿元，同比减少 56.27%，详见图 4-12。2011–2014 年各区域森林公园投入资金总额变化情况参见图 4-13。

2014 年，全国森林公园共投入环境建设资金 54.54 亿元，比 2013 年减少 1.61 亿元，同比减少 2.87%，详见图 4-10。分区域看，东部地区投入环境建设资金 27.30 亿元，比 2013 年增加 0.11 亿元，同比增长 0.40%，占全国投入环境建设资金的 50.05%；中部地区投入环境建设资金 11.12 亿元，比 2013 年减少 0.32 亿元，同比减少 2.80%，占全国投入环境建设资金的 20.40%；西部地区投入环境建设资金 11.14 亿元，比 2013 年减少 1.61 亿元，同比减少 12.63%，占全国投

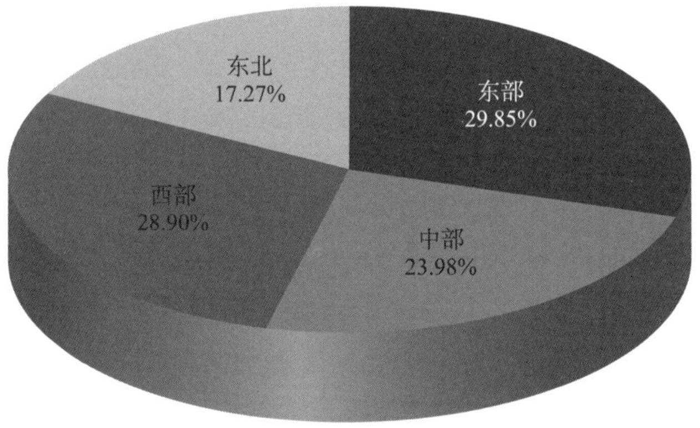

图4–12 2014年各区域森林公园投入资金所占比例

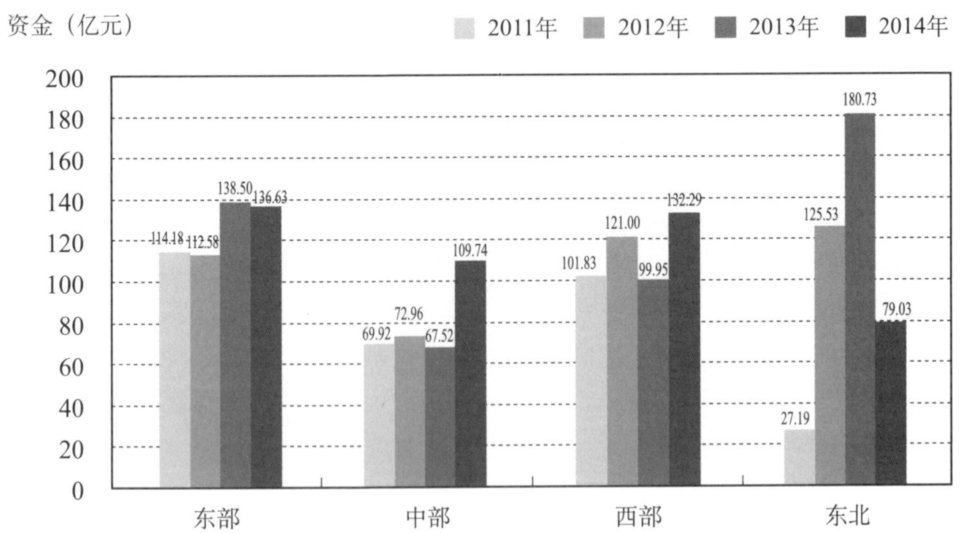

图4–13 2011–2014年各区域森林公园投入资金变化情况

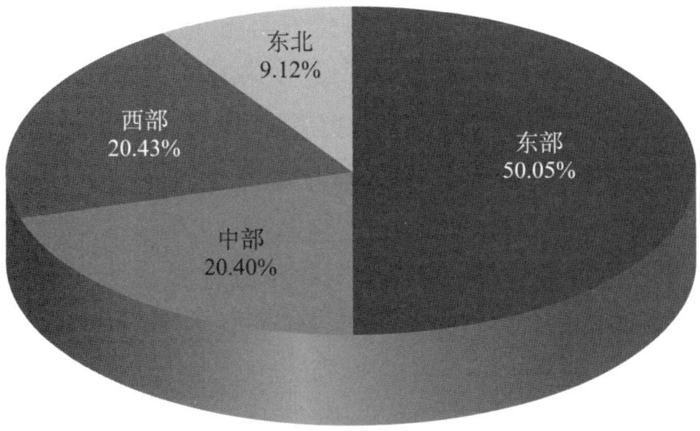

图4–14　2014年各区域森林公园环境建设投入资金所占比例

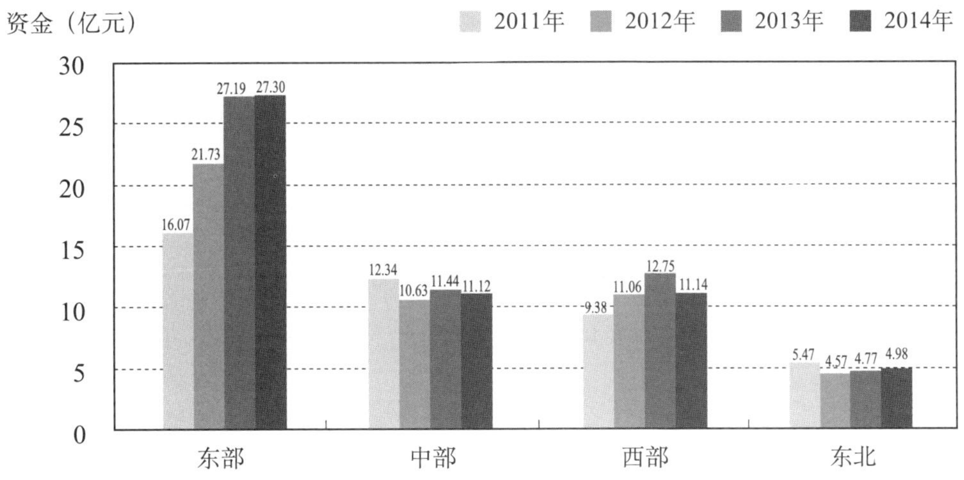

图4–15　2011–2014年各区域森林公园环境建设投入资金情况

入环境建设资金的 20.43%；东北地区投入环境建设资金 4.98 亿元，比 2013 年增加 0.21 亿元，同比增长 4.40%，占全国投入环境建设资金的 9.12%，详见图 4-14。2011–2014 年各区域环境建设投入资金情况详见图 4-15。

三、生态文明教育基地建设

1. 加大生态文明教育基地建设力度

国家生态文明教育基地是指具备一定的生态景观和教育资源，能促进人与自然和谐价值观的形成，教育功能特别显著的场所。各地各部门按照建设生态文明的总体布局和要求，充分发挥宣传教育在生态文明建设中的引领和推动作用，积极开展生态文明教育试点示范建设，涌现出一大批教育功能特别显著、示范作用十分明显的生态文明窗口单位。2014 年 9 月 25 日，在山东省淄博市举行的2014中国城市森林建设座谈会上，国家林业局、教育部、共青团中央授予全国共12家单位“国家生态文明教育基地”称号，详见表4-5。获得称号的单位通过加强生态教育基础设施建设，大力开展生态文明教育主题实践活动，不断提升生态文明教育的质量，充分发挥了教育基地的示范引领作用。

根据《中国科协办公厅关于开展全国科普教育基地2014年度工作考核的通知》（科协办发普字〔2014〕43号）的要求，各有关全国学会、协会、研究会，各省、自治区、直辖市科协积极组织相关全国科普教育基地参与年度考核工作。截至2014年12月26日，经中国科协组织专家评审，共评出75个2014年度优秀全国科普教育基地，其中昆山市城市生态森林公园有限公司、张掖国家湿地公园、中国湿地博物馆、陕西长青国家级自然保护区、重庆缙云山国家级自然保护区、上海辰山植物园、成都市植物园榜上有名。各优秀全国科普教育基地充分发挥示范作用，积极发挥指导和服务作用，逐步提升科普教育基地的科普公共服务能力，为提高公民科学素质做出了突出贡献。

为了全面加强首都地区园林绿化科普基础设施建设，深入推进首都生态文明宣传教育，首都绿化委员会办公室开展了首都生态文明宣传教育示范基地评选工作。八达岭森林公园、北京动物园、北京植物园、南馆公园、红领巾公园、野鸭湖湿地公园、北京教学植物园、灵溪中小学生态教育基地以及北京林业大学等10家单位荣获“首都生态文明宣传教育示范基地”称号，各单位积极开展科普教育活动，发挥宣传首都生态文明建设成果、鼓励和发动广大市民积极投

表4-5　2014年获得“国家生态文明教育基地”称号的12家单位

序号	国家生态文明教育基地
1	内蒙古自治区库布其沙漠亿利生态治理区
2	辽宁省本溪平顶山环城国家森林公园
3	黑龙江省丰林国家级自然保护区
4	江苏省大丰麋鹿国家级自然保护区
5	浙江省雁荡山国家森林公园
6	江西省鹰潭市龙虎山风景区
7	河南省平顶山市白龟湖国家湿地公园
8	湖北省咸宁市潜山国家森林公园
9	湖南省苏仙岭—万华岩国家级风景名胜区
10	广西壮族自治区花坪国家级自然保护区
11	贵州省贵定县甘溪省级森林公园
12	福建农林大学

身首都绿化美化建设的作用。

据国家林业局湿地保护管理中心统计，全国每年约1亿游人接受湿地保护方面的教育，游客和湿地周边的群众湿地保护意识得到明显提高，湿地知识得到普及，带动全民湿地保护意识提升，对全国的生态文明建设具有积极的影响。

2. 充分挖掘生态文明建设内涵

生态文明的核心是人对自然的文明，必须树立尊重自然、顺应自然、保护自然的生态文明理念。2014年，森林等自然资源旅游景区进一步加强了景区生态文化建设力度。通过新建完善森林博物馆、标本馆、游客中心、解说步道、科普长廊、宣传和解说标示标牌等基础设施，举办以生态文化教育为主题的各种形式文化旅游活动，建立各种形式的科普基地、实习基地、爱国教育基地、文化创作基地等，全面提升了森林等自然资源旅游的生态服务能力，使其生态教育功能得到增强。

陕西省黑河国家森林公园在世界自然基金会的资助下，于2014年10月建成了秦岭自然学校并对外开放，通过开展多样的游客体验自然活动，提高游客的环境保护意识，促进人与自然、人与人的和谐相处，受到广大游客和社会各界的一致好评。

内蒙古自治区库布其沙漠森林公园共完成了2894份动植物标本采集制作工作，其中库布其沙漠中段昆虫标本1694份（隶属11目46科152种），野生植物标本1200份（隶属62科180属302种），为下一步建立库布其沙漠森林公园动植物展馆奠定了基础，同时也提升了森林公园生态文化内涵。

浙江省以建设纪念馆、博物馆、科普教育基地或通过特色文化产品研发、环境教育活动等多种形式，开展森林公园生态文化建设，弘扬森林生态文明。浙江花岩国家森林公园正式立项建设瑞安市林业生态科普教育培训基地；江山市仙霞国家森林公园先后开展了“爱鸟周”、“环保世纪行”、“野生动物保护宣传月”等科普宣传活动。

中央林业基本建设投资扶持的江西省游子山、大阳山国家森林公园建立了“林相改造”和“解说体系”项目，各地也自筹资金，实施了森林防火、解说体系等项目建设。这些项目的实施，较好地引导了森林公园深入挖掘林业生态文化内涵，加快了生态文化基础设施建设，加强了生态文化林保护和改造，完善了各类解说牌识，在传播和弘扬生态文明中起到了很好的效果，也提高了森林公园建设和森林旅游产品的档次和水平。

湖南省株洲神农谷国家森林公园紧紧围绕以炎帝文化为特色的生态旅游发展定位，推出了“生态游”、“踏青游”和“穿越游”；郴州熊峰山国家森林公园牢固树立“生态发展优于一切”的理念，举办生态文明教育讲座，让生态文明深入人心；岳阳五尖山国家森林公园以“国家生态文明教育基地”为卖点，以“藏文于山”为主题，相继举办了“生态文明杯”卡拉OK大奖赛和第二届老年登山节。

云南省约260万人次到森林公园中开展科学考察、自然教育、文学创作、摄影等活动。森林公园成为了重要的科普教育和爱国主义教育基地以及提升公民科学素养、实施生态文明教育的重要场所。例如，金殿国家森林公园以“野生动物园”为窗口，通过展示野生动物及其生存环境，建立科普教育馆、图片、宣传栏等解说系统的方式，向游客介绍大量野生动物及其栖息环境的科学知识，以野生动物园为依托达到保护的目的，提高了公众的保护意识。

第五章

目的地保护与管理

- 森林公园保护管理
- 湿地保护管理
- 自然保护区保护管理
- 生物多样性保护

第五章　目的地保护与管理

2014年，全国各级林业部门加强了对森林等自然旅游目的地的保护和管理，积极探索合理利用森林等自然资源的有效途径，以充分发挥森林等自然资源旅游目的地在建设和保护森林生态系统、管理和恢复湿地生态系统、改善和治理荒漠生态系统、维护和发展生物多样性中的巨大作用。

一、森林公园保护管理

（一）规范森林公园行政许可

为充分发挥国家级森林公园在森林旅游产业中的主导作用，有力促进兴林富民目标的实现，国家林业局依法做好国家级森林公园行政许可项目审批工作，进一步规范国家级森林公园行政许可事项办理程序。2014年，国家林业局准予设立浙江梁希国家森林公园等12处国家级森林公园，准予辽宁元帅林国家森林公园等8处国家级森林公园改变经营范围，准予云南鲁布格国家森林公园、新疆照壁山国家森林公园变更公园名称，准予黑龙江佛手山国家森林公园改变经营范围和变更公园名称，详情见表5-1。

（二）强化占用征用森林公园林地的审查管理

2014年，国家林业局进一步加强了占用征用林地审核审批管理、规范了审核审批程序、明确了审核审批内容和职责，全国各级林业部门进一步加强了森林公园的监督检查力度，严厉打击了违法征占森林公园用地的行为，及时有效地保护了森林公园，促进了森林公园的健康发展。

国家林业局国有林场和林木种苗工作总站印发了《关于落实〈关于严禁在历史建筑、公园等公共资源中设立私人会所的暂行规定〉的通知》（以下简称《通知》）。《通知》要求各级林业主管部门始终坚持森林公园的公益性发展方向，坚决取缔在森林公园内设立的私人会所，同时要求设立并公开举报方式，进行长期跟踪督察。《通知》还要求进一步强化森林公园总体规划的审核，严格把关占用森林公园林地，严禁任何与森林公园公益性及服务游人宗旨相违背的建设、经营行为。据国家林业局新闻发布会通报的2014年全国林地管理情况检查结果显示，全国各类违法违规占用林地项目比2013年增加了7.1%。据国家林业局森林旅游处统计，全年共办理建设项目占用征收国家森林公园林地50起。

辽宁、浙江、江西、山东、重庆、贵州、青海、新疆等省（自治区、直辖市）对征占森林公园林地的项目进行了严格的审查管理。辽宁、山东、新疆等省（自治区）专门组织专家论证会，对各类项目征占森林公园用地、森林公园占地事项进行了论证、审核。根据浙江省省委、省政府《关于全面整治风景区、公园等公

表5–1　2014年部分国家级森林公园行政许可事项

公园名称	变更日期	变更情况
浙江梁希国家森林公园	2月10日	新设立
江西金盆山国家级森林公园	2月10日	
江苏南京老山国家级森林公园	2月10日	
山东泉林国家级森林公园	2月10日	
湖南嘉山国家级森林公园	2月10日	
湖北汉江瀑布群国家级森林公园	2月10日	
湖北崇阳国家级森林公园	2月10日	
山西棋子山国家级森林公园	2月10日	
陕西汉阴凤凰山国家级森林公园	2月10日	
安徽合肥滨湖国家级森林公园	2月10日	
福建五虎山国家级森林公园	7月9日	
云南双江古茶山国家森林公园	12月15日	
辽宁元帅林国家级森林公园	1月21日	改变经营范围
山西天龙山国家级森林公园	3月4日	
江西安源国家森林公园	5月13日	
山西赵杲观国家森林公园	11月19日	
黑龙江完达山国家森林公园	11月19日	
贵州舞阳湖国家森林公园	11月19日	
福建上杭国家森林公园	11月1日	
广东鸣湖国家森林公园	9月22日	
新疆照壁山国家森林公园	3月31日	更名为新疆天山大峡谷国家森林公园
云南鲁布格国家森林公园	10月15日	更名为云南布鲁革国家森林公园
黑龙江佛手山国家森林公园	6月3日	改变经营范围及更名为黑龙江夹皮沟国家森林公园

共场所内会所的通知》和国家林业局《关于开展非法侵占林地清理排查专项行动的通知》精神，浙江省积极配合相关部门做好森林公园的清查整治工作。江西省完成了 5 起工程建设项目征占用国家级森林公园林地的审查和上报工作，完成了 2 起工程建设项目征占用省级森林公园林地的审查和批复工作。重庆市开展了森林公园违规建设清理工作，全市森林公园开展了整治违规建筑工作和清理私人会所工作，全年共办理占用国家森林公园林地项目审查 6 件，办结 4 件；办理占用重庆市白市驿城市花卉森林公园、重庆市玉峰山森林公园、重庆市乌江森林公园林地项目审批 3 件，办结 3 件。贵州省审核同意占用省级森林公园林地项目及审查同意上报占用国家级森林公园林地项目共 10 余起，审查不同意占用项目 8 起。青海省按照森林公园占用林地相关要求，上报了 4 项国家级森林公园占地申请，完成了 2 项省级森林公园占地的调查和批复。

（三）加大植树造林和林相改造力度

随着全国各地森林公园数量的增加，面对部分森林公园公益效益相对较差的现状，2014 年，各省（自治区、直辖市）通过植树造林和林相改造方式加强对森林公园林木和景观资源的保护和管理。全年共完成植树造林 11.66 万公顷，比 2013 年增加 0.72 万公顷，同比增加 6.58%；改造林相 17.17 万公顷，比 2013 年减少 2.09 万公顷，同比减少 10.85%，2010–2014 年全国森林公园植树造林、林相改造情况详见图 5-1。植树造林加大了森林公园的绿化面积，林相改造使森林公园成为森林群落多层次、多树种、多色彩、多功能的旅游胜地。通过植树造林和林相改造，森林公园的生态质量、防灾能力、森林美学价值进一步提高，

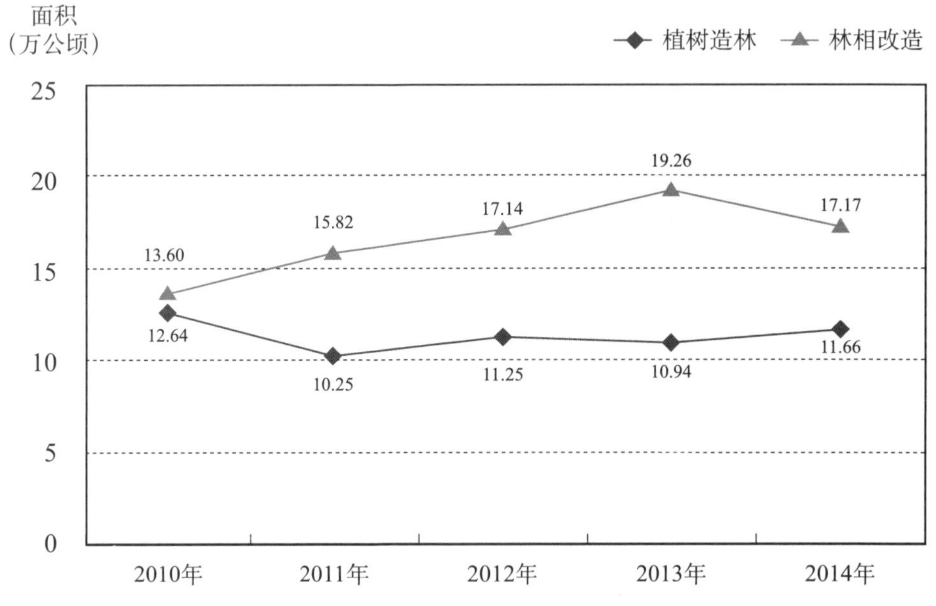

图5–1　2010–2014年全国森林公园植树造林、林相改造建设情况

成为空气清新、物种丰富、色彩多样的真正意义上的“森林”公园。

分区域看，东部地区植树造林 4.12 万公顷，比 2013 年增加 1.14 万公顷，同比增长 38.26%，占全国造林植树面积的 35.33%；中部地区植树造林 1.99 万公顷，比 2013 年减少 0.11 万公顷，同比减少 5.24%，占全国造林面积的 17.07%；西部地区植树造林 2.59 万公顷，比 2013 年减少 0.80 万公顷，同比减少 23.60%，占全国造林植树面积的 22.21%；东北地区植树造林面积 2.96 万公顷，比 2013 年增加 0.49 万公顷，同比增长 19.84%，占全国造林植树面积的 25.39%，详见图 5-2。

分区域看，东部地区改造林相 5.44 万公顷，比 2013 年增加 0.47 万公顷，同比增长 9.46%，占全国林相改造面积的 31.68%；中部地区改造林相 5.13 万公顷，比 2013 年增加 0.19 万公顷，同比增长 3.85%，占全国林相改造的 29.88%；西部地区改造林相 2.69 万公顷，比 2013 年减少 2.95 万公顷，同比减少 51.44%，占全国林相改造面积的 15.67%；东北地区改造林相面积 3.91 万公顷，比 2013 年增加 0.10 万公顷，同比增长 2.62%，占全国林相改造面积的 22.77%，详见图 5-3。

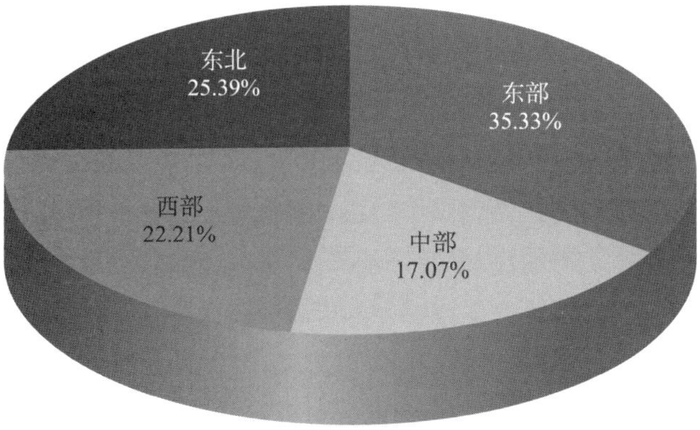

图5—2　2014年各区域森林公园植树造林面积所占比例

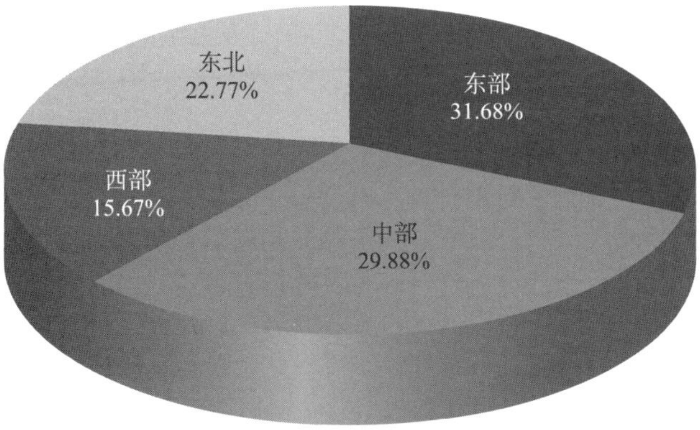

图5—3　2014年各区域森林公园林相改造面积所占比例

（四）实施森林公园监督检查工作

根据《国家级森林公园监督检查办法》，各级林业主管部门组织开展了专项检查工作，进一步规范了国家级森林公园建设与管理，促进了国家级森林公园的健康发展。内蒙古、江西、广东、四川等省（自治区）开展了森林公园的监督检查工作。

1. 内蒙古自治区

内蒙古自治区结合工作实际，制定了《内蒙古自治区2014年度国家级森林公园监督检查工作方案》，下发了《内蒙古自治区林业厅关于开展国家级森林公园监督检查工作的通知》，组织了全区22处国家森林公园开展了监督检查自查工作，对森林公园批而不建、建而不管、不做规划以及对各种以招商引资为名，低价甚至无偿出让、转让国有森林风景资源经营权的行为进行了全面检查。

2. 江西省

江西省下发了《江西省林业厅关于开展2014年全省森林公园管理执法检查的通知》，在全省范围内开展了以管理机构建设、总体规划编制、森林风景资源保护、林地保护、旅游安全管理为主要内容的森林公园管理执法检查活动。

3. 广东省

广东省森林公园管理办公室在广州召开了国家级森林公园监督检查情况汇报会。会议就国家级森林公园总体规划的编制和组织实施、工程项目征占用国家级森林公园林地的申报和审批、改变国家级森林公园经营范围的申报审批等问题做了详细的解读，并要求各个国家级森林公园对监督检查中发现的问题进行分析研究，制定整改工作方案和措施。

4. 四川省

四川省林业厅印发了《关于开展2014年全省森林公园监督检查的通知》（川林旅函〔2014〕456号），针对全省森林公园在建和已建项目林地征占用审批手续情况、管理机构设立及履行职责情况、总体规划编制和建设实施情况、国家级森林公园财政转移支付补助资金和省级森林公园省级财政建设项目资金使用情况、“4.20”地震灾区森林公园灾后重建情况等五个方面进行了监督检查。

（五）做好“三防”工作

做好森林防火、森林病虫害防治和打击滥砍滥伐园内林木的“三防”工作是确保森林公园免受突发性全面破坏的基础，确保森林公园健康稳定发展是森林公园整体景观美观程度的保障。2014年，各省（自治区、直辖市）努力做好“三防”工作，全国森林公园没有出现严重的损坏。

二、湿地保护管理

（一）健全湿地保护制度

国家林业局出台的《推进生态文明建设规划纲要》中提出了“四条生态红线”，

其中明确划定了湿地保护红线，到 2020 年，中国湿地面积不低于 8 亿亩。这条红线既是限制开发利用的“高压线”，也是维护生态平衡的“安全线”；既是建设生态文明的“目标线”，也是实现永续发展的“保障线”。目前，虽然很多省份已经出台了《湿地保护条例》，但是国家层面的湿地法律却仍然缺失，2014 年，国家林业局积极推动《湿地保护条例》出台。湿地制度的完善，对湿地的保护管理具有十分重要的意义。

专栏6 四条生态红线

根据国家林业局出台的《推进生态文明建设规划纲要》，“四条生态红线”主要是指：

林地和森林红线 全国林地面积不低于46.8亿亩，森林面积不低于37.4亿亩，森林蓄积量不低于200亿立方米；

湿地红线 全国湿地面积不低于8亿亩；

沙区植被红线 全国治理和保护恢复植被的沙化土地面积不少于56万平方千米；

物种红线 确保各级各类自然保护区严禁开发，现有濒危野生动植物得到全面保护。

（二）打击破坏湿地资源的行为

2014 年，多个林业部门开展了打击破坏湿地资源的专项行动，查处了一批破坏湿地资源的案件。例如：黑龙江省佳木斯市林业局于 6 月组织市湿地保护管理局、市森林公安局相关人员组成工作组开展了严厉打击破坏湿地资源保护专项执法检查工作。四川省蒲江县在全县范围内开展了为期 2 个月的打击破坏湿地资源的专项行动。通过开展专项打击行动，掌握了各地区破坏湿地资源状况，进一步遏制了破坏湿地资源事件的发生，并为大众敲响保护湿地资源的警钟，使湿地和野生动植物资源得到有效保护，扩大了湿地保护的社会影响，维护了湿地生态资源的安全和稳定。

（三）健全湿地保护机构，加强湿地保护宣传活动

个别省份成立了湿地保护协会、湿地研究站和保护联盟，呼吁全社会相关人士进行科学合理的湿地保护。广东省成立了湿地保护协会，青海省建立了青海湖湿地生态系统定位观测研究站，海南省在海口成立了红树林湿地保护体系联盟，云南省人民政府办公厅成立了云南省湿地保护专家委员会。各个湿地保

护组织的成立，规范了湿地保护的程序，为湿地保护指出了明确的方向，进而使湿地保护取得了显著效果。

借 2014 年世界湿地日的宣传契机，吉林省、云南省、新疆维吾尔自治区分别开展了湿地保护的宣传活动。吉林省努力营造关心湿地、爱护湿地、参与保护湿地的社会氛围，在全省组织开展了丰富多彩的湿地保护宣传活动，促进和推动全省湿地保护管理事业再上新水平；云南首次“湿地保护宣传月”活动主题为“湿地与生态文明建设”，宣传月期间广泛宣传了《云南省湿地保护条例》和《大理白族自治州湿地保护条例》等法规，宣传了湿地管理、野生动植物保护、生态文明建设的意义及取得的成就；新疆维吾尔自治区第二届湿地保护宣传日活动通过海报、横幅和展板、宣传单等向大家展示了世界湿地日的主题、湿地的生态功能、重要性以及人类与湿地和谐共处的关系等知识，活动极大地加深了人们对湿地知识的了解，认识到现阶段湿地面临的主要问题。

（四）湿地自然保护区和湿地公园规模逐渐壮大

2014 年，我国新建湿地自然保护区 49 处，湿地自然保护区总数达 577 处。截至2014年底，全国林业部门已批准建立不同类型、不同级别的湿地公园979个，总面积约 362.6 万公顷，保护湿地面积 232.8 万公顷。其中：2014 年新增国家湿地公园（试点）140 个，面积 46.1 万公顷，新增湿地保护面积 33.4 万公顷；验收国家湿地公园 20 个，面积 24.8 万公顷，保护湿地面积 11.1 万公顷，详见表 5-2。

表5–2　2014年验收的20个国家湿地公园名录

湿地公园名称	湿地公园面积(hm^2)	公园内湿地面积(hm^2)	湿地类型	批准年度	验收年度
内蒙古白狼洮儿河国家湿地公园	1135	380	河流、沼泽	2006	2014
江苏苏州太湖国家湿地公园	230	204	人工	2010	2014
安徽太平湖国家湿地公园	9850	8860	库塘	2007	2014
江西修河源国家湿地公园	4342	3577	河流	2010	2014
山东台儿庄运河国家湿地公园	2592	1900	河流	2009	2014
湖北武汉东湖湿地公园	1020	650	湖泊	2008	2014
湖北荆门漳河国家湿地公园	11880	10816	库塘	2009	2014
湖南东江湖国家湿地公园	48039	16305	人工	2007	2014
湖南水府庙国家湿地公园	21266	10694	人工	2007	2014
湖南攸县酒埠江湿地公园	2613	1121	人工	2008	2014
湖南千龙湖国家湿地公园	915	235	湖泊	2008	2014
重庆汉丰湖国家湿地公园	1303	1089	人工	2010	2014

（续）

湿地公园名称	湿地公园面积（hm^2）	公园内湿地面积（hm^2）	湿地类型	批准年度	验收年度
四川邛海国家湿地公园	3729	3560	湖泊	2013	2014
贵州贵阳阿哈湖国家湿地公园	1218	473	河流、人工	2013	2014
陕西西安浐灞国家湿地公园	798	385	河流	2008	2014
陕西淳化冶峪河国家湿地公园	1171	843	河流	2008	2014
陕西丹凤丹江国家湿地公园	2080	1454	河流	2009	2014
陕西凤县嘉陵江国家湿地公园	2556	1580	河流	2009	2014
陕西太白石头河国家湿地公园	1054	747	河流	2009	2014
新疆赛里木湖国家湿地公园	130140	45800	湖泊	2007	2014

三、自然保护区保护管理

2014 年 11 月，国家林业局召开了非法侵占林地清理排查专项行动部署电视电话会。会议强调了林地保护管理的重要意义，要求各省级林业（森工）主管部门成立专项行动领导小组，落实办事机构，认真制定符合本地区实际情况的行动方案；会议明确本次行动以自然保护区作为重中之重，要求各地要认真筛选并报告在自然保护区内，特别是核心区和缓冲区内违法建设和未批建的各类工程项目；会议要求各级林业部门加大对破坏林地行为的查处问责力度，对涉嫌犯罪的要依法移交公安机关立案侦查，对违法占用林地、毁林开垦等行为，除依法处理外，要限期收回、恢复被损毁和被非法侵占的林地。此外，在行动开展期间，国家林业局各派驻森林资源监督机构组织督查督办，监督各级部门的行动情况。7 ~ 10 月，陕西省周至国家级自然保护区管理局开展了为期近 3 个月的“严厉打击秦岭林区非法征占用林地犯罪行为专项行动”。

各级林业部门除了加强自然保护区非法侵占林地的清查活动之外，还加强了组织机构的建设。国家林业局自然保护区研究中心在内蒙古自治区赤峰市成立了研究基地，广东省成立了野生动植物保护协会，各组织机构的成立，对自然保护区的保护起到了积极推动作用。

四、生物多样性保护

2014 年 6 月，国家林业局成立了“全国林业生物多样性保护委员会”，其职责是统筹指导全国林业生物多样性保护工作，审定林业生物多样性保护的重要规划、行动计划，并对林业生物多样性保护的重大问题做出决策，全面推进林业生物多样性保护工作。

2014年12月，中共中央政治局常委、国务院副总理、中国生物多样性保护国家委员会主席张高丽8日主持召开了2014年中国生物多样性保护国家委员会会议并讲话，会议是十八大以来中央在生物多样性保护工作上的最新部署，也是在中国经济社会发展新常态下生态文明建设的一次最新行动。根据新形势新任务，会议做出了既全面系统而又有针对性的部署：掌握生物多样性基础状况和动态变化，加强监管能力建设，加大生物遗传资源管理力度，抓紧实施生物多样性保护重大工程，形成全社会共同保护生物多样性的合力。中国生物多样性保护的目标是，到2015年，力争使重点区域生物多样性下降的趋势得到有效遏制；到2020年，努力使生物多样性的丧失与流失得到基本控制；到2030年，使生物多样性得到切实保护。会议还审议了《加强生物遗传资源管理国家工作方案（2014–2020年）》和《生物多样性保护重大工程实施方案（2014–2020年）》，并对进一步做好生物多样性保护工作做出了部署。

第六章

产业发展

- 游客人数和产值
- 就业增收能力

第六章　产业发展

2014 年，面对严峻的国际经济形势和国内经济压力运行加大的影响，各级森林旅游行业主管部门在党中央、国务院的坚强领导下，坚持主题主线，坚持稳中求进、务实扎实工作，森林旅游产业发展保持了健康发展态势，在市场规模（游客容量）、产值、从业人员规模、森林旅游产品丰富度和新增森林旅游区数量等方面都取得了很大的进步。

以全国森林公园、湿地公园和林业自然保护区为基础统计，2014 年森林旅游直接收入达到 825 亿元；创造社会综合产值 6500 亿元，约占 2014 年国内旅游消费（30312 亿元）的 21.4%，同比增长 25.0%；全年接待游客超过 9.1 亿人次，约占 2014 年国内旅游人数（36.11 亿人次）的 25.2%，同比增长 19.7%；森林旅游管理和服务的人员数量超过 24 万人，其中导游和解说员近 3.36 万人。森林等自然资源旅游产业促进了经济发展和就业增收能力，其生态教育功能持续增强。

一、游客人数和产值

（一）森林公园

1. 旅游收入

2014 年，全国森林公园旅游收入总额达到 572.13 亿元，比 2013 年增加 81.02 亿元，同比增长 16.50%。森林公园旅游收入包括门票收入、食宿收入、娱乐收入和其他收入。其中：门票收入 107.56 亿元，比 2013 年增加 17.93 亿元，同比增长 20.00%，占全国森林公园总收入的 18.80%；食宿收入 260.85 亿元，比 2013 年增加 48.55 亿元，同比增长 22.87%，占全国森林公园总收入的 45.59%；娱乐收入 50.84 亿元，比 2013 年减少 10.75 亿元，同比减少 17.45%，占全国森林公园总收入的 8.89%；其他收入 152.89 亿元，比 2013 年增加 25.30 亿元，同比增长 19.83%，占全国森林公园总收入的 26.72%，详见图 6-1。2012–2014 年全国森林公园旅游收入情况详见图 6-2，2014 年森林旅游收入（省份、森工集团）排名名单详见表 6-1。

2014 年，据对“十一”黄金周全国森林公园的数据统计，全国森林公园旅游人数达 6427 万人次，旅游收入 78.7 亿元，分别比 2013 年增长 12% 和 16%。

2. 游客人数

截至 2014 年底，全国森林公园接待游客 7.10 亿人次，比 2013 年增加 1.21 亿人次，同比增加 20.54%，占国内旅游总人数（36.11 亿人次）的 19.66%。其中接待海外游客 0.14 亿人次，比 2013 年减少 0.08 亿人次，同比减少 36.36%。2014 年全国森林旅游游客总数（省份、森工集团）排名名单见表 6-2，2010–2014 年森林公园旅游游客总数、海外游客人数变化情况详见图 6-3。

3. 旅游从业人员

截至 2014 年底，全国森林公园旅游从业人员 18.75 万人，比 2013 年增加 0.49 万人，同比增长 2.68%。其中：从事管理与服务的职工达 16.97 万人，比 2013 年增加 0.48 万人，同比增长 2.91%，占全国森林公园旅游从业人员总数的 90.51%；导游人员 1.78 万人，比 2013 年增加 0.01 万人，同比增加 0.56%，占全国森林公园旅游从业人员总数的 9.49%；社会旅游从业人员 79.26 万人，比 2013 年增加 10.51 万人，同比增长 15.29%。2010–2014 年全国森林公园旅游从业人员变化情况详见图 6-4。

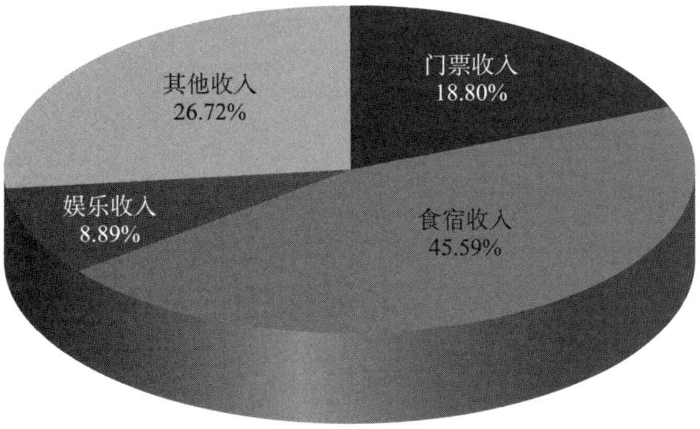

图6–1　2014年全国森林公园旅游收入所占比例

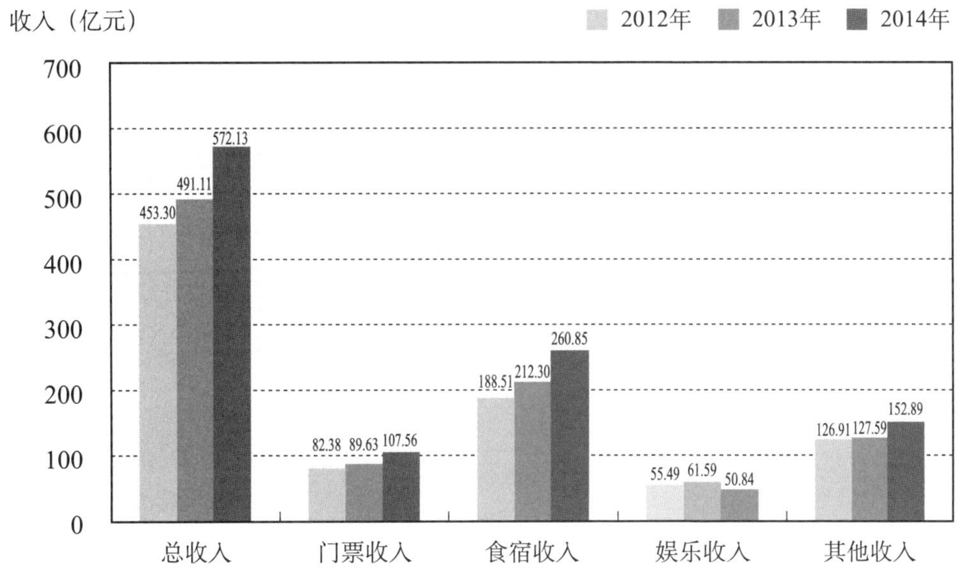

图6–2　2012–2014年全国森林公园旅游收入情况

表6-1　2014年全国森林公园旅游收入（省份、森工集团）排名名单

序号	省份	旅游收入（亿元）	序号	省份	旅游收入（亿元）
1	浙江	144.46	19	安徽	7.25
2	江西	50.54	20	陕西	6.06
3	重庆	46.75	21	内蒙古森工	5.78
4	四川	41.57	22	黑龙江	5.48
5	贵州	39.16	23	海南	4.05
6	湖南	28.23	24	北京	3.05
7	广东	26.65	25	云南	2.37
8	吉林	21.62	26	新疆	2.30
9	广西	20.44	27	青海	1.13
10	山东	19.85	28	甘肃	1.06
11	江苏	18.56	29	西藏	0.90
12	湖北	14.02	30	内蒙古	0.89
13	龙江森工	11.68	31	上海	0.87
14	辽宁	10.46	32	宁夏	0.37
15	河南	9.75	33	吉林森工	0.37
16	山西	9.04	34	天津	0.19
17	福建	8.81	35	大兴安岭	0.17
18	河北	8.26			

表6-2　2014年全国森林公园游客总数（省份、森工集团）排名名单

序号	省份	旅游总人数（万人次）	序号	省份	旅游总人数（万人次）
1	广东	13268.22	19	云南	1037.80
2	江西	5383.43	20	北京	816.30
3	重庆	5272.33	21	广西	815.87
4	浙江	4932.51	22	新疆	774.87
5	江苏	4882.98	23	甘肃	695.66
6	山东	3929.91	24	黑龙江	658.31
7	湖南	3678.32	25	上海	592.36
8	贵州	3066.19	26	龙江森工	491.65
9	四川	2881.81	27	青海	352.32
10	河南	2542.13	28	内蒙古	335.88
11	福建	2241.19	29	海南	241.00
12	山西	2114.65	30	宁夏	185.08
13	辽宁	2087.00	31	内蒙古森工	95.85
14	湖北	2079.42	32	西藏	72.55
15	安徽	1755.27	33	天津	33.00
16	河北	1360.66	34	吉林森工	28.63
17	陕西	1174.66	35	大兴安岭	11.70
18	吉林	1097.83			

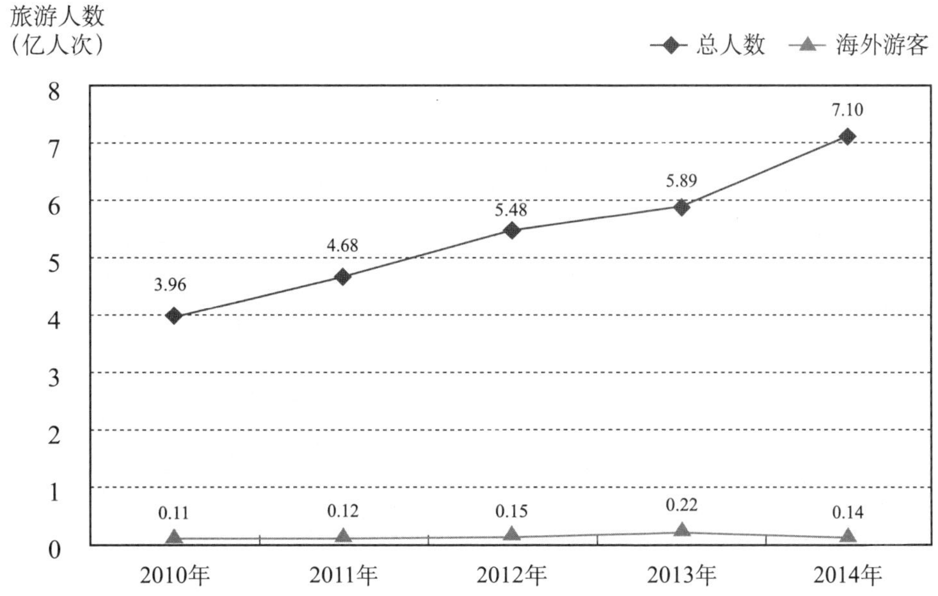

图6–3　2010–2014年森林公园旅游游客总数、海外游客人数变化情况

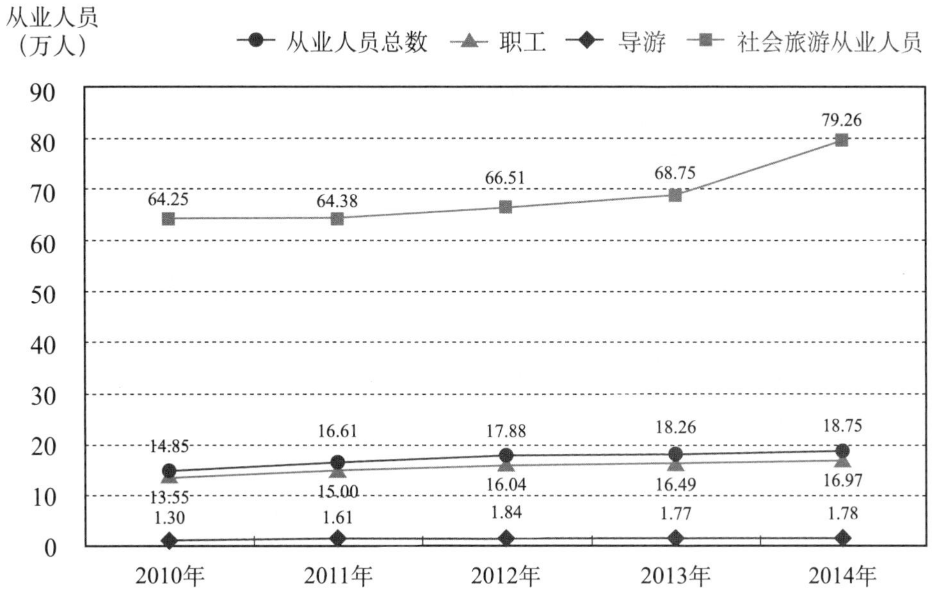

图6–4　2010–2014年全国森林公园旅游从业人员变化情况

4. 公益性开放

据不完全统计，2014 年全国有 911 处森林公园免收门票，比 2013 年增加 40 处，同比增长 4.59%，其中免收门票的国家级森林公园 194 处，比 2013 年增加 5 处，同比增长 2.65%。2014 年森林公园免收门票情况详见表 6-3。

表6–3 2014年森林公园免收门票情况

地区	调查统计的森林公园数	免收门票的森林公园总数	其中免收门票的国家级森林公园数
北京	28	6	0
河北	101	17	2
山西	55	13	1
内蒙古	46	22	6
辽宁	70	20	5
吉林	47	10	6
黑龙江	62	19	8
上海	5	1	1
江苏	65	30	5
浙江	119	24	6
安徽	73	39	11
福建	159	80	11
江西	153	109	21
山东	174	38	6
河南	98	40	2
湖北	89	34	9
湖南	111	61	16
广东	99	57	9
广西	50	17	5
海南	13	1	1
重庆	86	52	8
四川	91	35	9
贵州	73	54	9
云南	40	16	8
西藏	9	3	3
陕西	84	23	7
甘肃	94	40	1
青海	18	7	3
宁夏	11	6	0
新疆	39	15	2
吉林森工	8	6	6
龙江森工	41	14	6
大兴安岭	2	1	1
合计	2213	911	194

（二）自然保护区

2014 年，全国开展旅游的林业系统自然保护区接待游客人数达 0.7 亿人次，比 2013 年同比增长 39.3%。截至 2014 年底，提供旅游服务的林业系统自然保护区职工总数达 51535 人。其中：国家级自然保护区 15825 人，占职工总数的 30.71%；省级自然保护区 30784 人，占职工总数的 59.73%；地、县级以下自然保护区 4926 人，占职工总数的 9.56%。

（三）湿地公园

全国湿地公园旅游收入总额达 45.91 亿元，比 2013 年增加 2.19 亿元，同比增长 5.01%。其中：景区门票收入 9.49 亿元，占全国湿地公园旅游总收入的 20.67%，比 2013 年增加 0.45 亿元，同比增长 4.98%；食宿收入 20.99 亿元，占全国湿地公园旅游总收入的45.72%，比2013 年增加 1.00 亿元，同比增长 5.00%；其他收入 15.43 亿元，占全国湿地公园旅游总收入的 33.61%，比 2013 年增加 0.74 亿元，同比增长 5.04%，详见图 6-5。游客总人数达 1.1 亿人次，比 2013 年

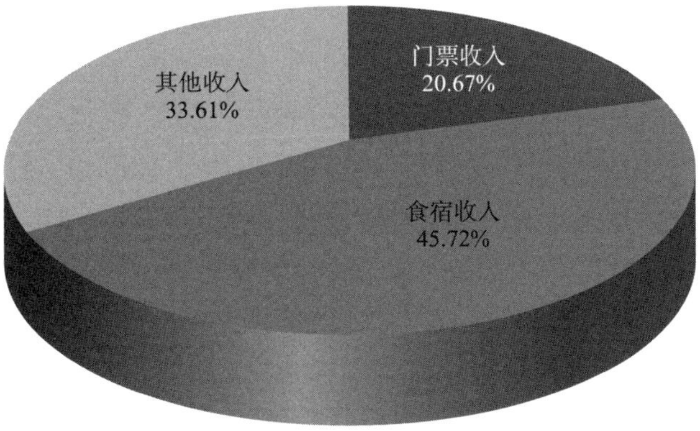

图6–5 2014湿地公园旅游收入所占比例

同比增长 5.0%。景区职工总数达 16937 人。其中：正式职工 10897 人，占职工总人数的 64.34%；临时职工人数达 6040 人，占职工总数的 35.66%。景区导游和解说人员 1533 人，占职工总数的 9.05%。

（四）沙漠公园

沙漠公园是以沙漠景观为主体，以保护荒漠生态、合理利用沙漠资源为目的，在促进防沙治沙和维护生态服务功能的基础上，开展公众游憩休闲或进行科学、文化和教育活动的特定区域。国家沙漠公园不仅是颇具特色的旅游产品，也是防沙治沙事业的重要组成部分，沙漠公园的建设在带动区域经济发展方面已显示出强大潜力。截至 2014 年底，国家林业局共批复了 33 个国家沙漠公园试点建设，面积 167.5 万公顷。据统计，2014 年全国国家沙漠公园年总收入为

29714万元，共接待游客198.6万人次，有效促进了沙区生态保护和沙区经济发展。其中新疆14个国家沙漠公园旅游年收入为4075万元：景区门票收入1661万元，占国家沙漠公园旅游总收入的40.76%；食宿收入1458万元，占国家沙漠公园旅游总收入的35.78%；其他收入956万元，占国家沙漠公园旅游总收入的23.46%。新疆14个国家沙漠公园游客总人数达85.2万人次，其中海外游客人数5765人次；景区职工总数达227人，其中景区导游和解说人员82人，占职工总数的36.12%。宁夏沙坡头国家沙漠公园总收入24337万元，年接待游客113.4万人次，景区职工总数446人，其中景区导游和解说人员40人。

（五）其他森林旅游产业

其他森林旅游产业主要指植物园、野生动物园、林业生态观光园、狩猎场和生态文明教育基地等产业，它们的发展均取得了一定成绩。

二、就业增收能力

森林的健康发展有力地促进了区域经济的发展，尤其在加快贫困地区林农脱贫致富步伐中发挥了重要作用。我国贫困地区是森林、湿地、野生动植物等自然旅游资源相对富集地区，森林旅游的发展与贫困人口就业增收息息相关。森林等自然资源旅游在发展山区经济、促进民生改善中具有天然的地缘优势，通过把资源优势转化成经济优势，许多偏远地区成了远近闻名的旅游胜地。

2014年，山东省森林公园建设和森林旅游发展已辐射带动了420多个乡镇3300多个村庄近430万人口受益，使980多个村脱贫致富，森林公园直接吸纳农业人口16.23万人就业，间接转移农村劳动力40多万人；湖南省森林公园所在地的200多个乡镇1500多个村近500万林农在森林公园的森林旅游业发展中受益，许多村民因此而脱贫致富；广东省森林公园带动了400多个村脱贫致富，350多万林农受益，间接带动了41547名村民从事森林旅游业。全国森林公园社会旅游从业人员约79.26万人，森林公园社会旅游从业人员（省份、森工集团）排名名单详见表6-4。森林公园的建设及其旅游业的发展，有效地拉动了林区、周边地区和主要城镇的交通、文化、服务等相关社会产业的迅速崛起和发展，有力地推动了地方经济的发展。

表6-4　2014年全国森林公园社会旅游从业人员（省份、森工集团）排名名单

序号	省份	社会旅游从业人员（人）	序号	省份	社会旅游从业人员（人）
1	山东	162283	19	龙江森工	17478
2	浙江	72432	20	辽宁	13399
3	河北	59488	21	北京	12220
4	广东	41547	22	云南	6234
5	湖南	41326	23	新疆	5961
6	陕西	39369	24	甘肃	5954
7	河南	36493	25	内蒙古	5579
8	江西	36349	26	黑龙江	4211
9	湖北	31328	27	广西	4170
10	吉林	24826	28	青海	3301
11	安徽	23690	29	天津	3000
12	贵州	23177	30	上海	934
13	四川	21934	31	海南	823
14	重庆	21098	32	宁夏	584
15	山西	18744	33	吉林森工	562
16	福建	18158	34	西藏	404
17	内蒙森工	17672	35	大兴安岭	321
18	江苏	17588			

第七章

示范建设

- 全国示范建设
- 地方示范建设

第七章 示范建设

2014年，全国森林等自然资源旅游示范试点建设内容不断丰富：2011年评选出的10家全国森林旅游示范区试点建设、全国生态旅游示范区的评选工作、国家沙漠公园试点建设、国家公园的试点建设、国家级森林公园解说体系示范点建设。各类示范区单位扎实推进试点工作，在推进森林等自然资源旅游中取得了显著成效；同时，部分省（自治区、直辖市）也积极推动森林旅游示范工作，并取得了一定成效。

一、全国示范建设

（一）全国森林旅游示范建设

2011年11月，国家林业局、国家旅游局联合公布了10个全国森林旅游示范区试点单位，分别是：海南省、浙江省温州市、黑龙江省伊春市、重庆市武隆县、福建省蒲城县富岭镇双同村、江西省靖安县宝峰镇毗炉村、湖南省张家界国家级森林公园、内蒙古自治区阿尔山国家级森林公园、江苏省姜堰溱湖国家湿地公园、湖北神农架国家级自然保护区。2014年，各试点单位积极投入到试点建设中来，在工作中不断摸索、不断创新、及时改进、勇于创新，在推进森林等自然资源旅游中取得了显著成效。

1. 示范区试点工作

（1）加强部署、监督力度

2014年，各试点单位做好了试点建设的部署与监督工作，进一步明确了试点单位的总体目标，在建设过程中加强监督，及时有效地发现、解决问题，为试点单位的健康发展奠定了基础。

2月，张家界国家森林公园管理处召开了职工代表大会，会议明确指出公园必须紧紧抓住机遇，进一步完善优化科学发展的新思路，明确提出建设一流国家公园的新目标。公园工作的总体要求是全力实施“提质张家界，打造升级版”战略，瞄准国内外知名的旅游胜地总目标，切实按照建设一流国家公园的理念和要求，注重吸纳先进的保护理念，探索创新科学的管理制度，争取更多的政策支持和资金投入，奋力开启建设一流国家公园的新征程。

4月，湖北神农架创建国家公园工作领导小组召开会议，争创国家公园、提升生态保护的水平、搭建政策支持平台、促进生态旅游产业的可持续发展。

6月，海南省政协发展海南森林旅游专题调研研讨会在海口召开，会议强调了海南在开发森林旅游过程中，应该始终把生态保护与发展放在首位，精心策划本省森林旅游规划，适当开发森林健康游。

7月，湖北神农架世界生物圈保护区十年一次的评估会在湖北神农架木鱼镇召开，会议提出要进一步思考如何平衡保护与发展的关系，规范旅游接待管理，对保护区、地质公园等不同形式的机构实施区别化的管理；要科学规划旅游发展；要加强旅游接待单位和个体户的监管，建立环境保护准入标准；要继续坚持保护优先和持续发展的理念，继续加强国内外交流，建设好国家级自然保护区，创新发展神农架模式。

12月，江苏泰州市姜堰溱湖国家湿地公园通过了湿地公园旅游服务业标准试点项目考核评估。

（2）健全组织机构，提高从业人员的素质

2014年，森林旅游示范区的组织机构进一步完善，12月，海南省红树林湿地保护体系联盟在海口成立，并一致通过了《海南省红树林湿地保护体系联盟宣言》，推动了红树林和湿地保护。张家界国家森林公园管理处门票管理站职工书屋经过近两年的不断完善，书屋内设备完善，门票管理站努力为职工提供健康向上、丰富多彩的精神文化产品，积极引导职工养成“爱读书，读好书”的良好习惯，全面提高员工队伍整体素质，不断满足职工日益增长的文化需求的现实要求。

（3）健全法规制度

2014年，海南省海口市十五届人大常委会第二十次会议通过了《关于加强东寨港红树林湿地保护管理的决定》，为红树林划定生态保护红线，从制度保障上加强了对东寨港红树林湿地的保护和管理，同时，就《海南省森林公园管理办法》已经征求相关意见，正在按照程序上报审批；《张家界国家森林公园低碳景区实施方案》通过了评审，这标志着湖南省首个低碳景区试点工作开始正式实施。

（4）科学编制发展规划

各试点单位根据所在区域特色，选择具有高水准的规划设计单位编制总体规划，力争以科学的规划布局为森林旅游的发展起好调、定好位、铺好路。2014年，《海南省热带森林旅游发展总体规划（审议稿）》已正式提交海南省旅游规划委员会审议，《海南省少数民族地区森林旅游发展情况的专题报告》已形成；浙江省温州市委托浙江省亚热带作物研究所编制《温州市森林人家建设规划》；黑龙江省《伊春市旅游发展总体规划（2013–2022年）》（征求意见稿）已编制完成，并通过了专家评审；重庆市武隆县完成了《武隆旅游产业发展规划》等的编制和全县旅游产业发展总体规划修编，《重庆市仙女山旅游度假区总体规划（2014–2030）》通过了重庆市专家组评审，并取得了市政府的批复（渝府〔2014〕68号）；湖南张家界森林公园组织编制了《森林公园植物景观游总体规划》，逐步推行“一景一赏”、“一组一品”，推出植物科普游、植物景观游，打造健身疗养之旅、自由呼吸之旅；内蒙古阿尔山市启动实施《阿尔山旅游总体规划》，完成了《阿尔山中蒙边境跨境旅游合作区专项规划》、《阿尔山冬季旅游专项规划》、《阿尔山市旅游产业扶贫行动计划(2013–2018)》的编制工作；神农架林区人大常委会第十九次会议同意批准了《神农架林区生态县(区)建设规划》。

(5) 加强宣传推介力度

走出去 被誉为“中国林都”的黑龙江伊春市绿色食品品鉴暨森林生态旅游推介会分别在香港、廊坊、长沙等地举行，推介会向各地展示了伊春市的森林食品及特色旅游产品，进一步促进了伊春市与全国各地的交流与合作，并呼吁更多的有识之士到伊春观光旅游、投资兴业，共同探讨生态、产业、经济的和谐发展，实现资源共享、优势互补。

张家界国家森林公园旅游营销团在中国台湾高雄举行了旅游营销座谈会，并与台湾大型旅游 PAK（旅行商联盟）签订了实质营销协议，实现了互惠共赢；张家界国家森林公园管理处组织的冬季旅游营销团走进了合肥，开启了“恋上晚景秋、赶年好味道”为主题的长三角地区张家界冬季营销序幕。

引进来 浙江省温州市森林旅游节已连续举办 8 年，成为了全国森林旅游界的“金色名片”。2014 年的森林旅游节由温州各个森林公园联合行动，根据当地优势开展了与森林旅游相关的活动，而且创造性地推出了“森林旅游一卡通”，借助卡片的宣传形式，整合了十大景区资源，全面提升了森林旅游业的整体实力。

2014 年初，重庆市武隆县旅游局投入 45 万余元用于武隆旅游局官方网站、官方微博、官方微信、官方论坛等建设及信息发布、推广，让游客真正感受到了一个智慧的武隆、个性化的武隆、满意的武隆。武隆县景区借助《变形金刚 4》、《爸爸去哪儿 2》等影视节目，“第五届仙女山冰雪童话季”、“仙女山国际风筝节”、“仙女山露营音乐节”等活动，展开了全方位、多角度的品牌营销，让景区的市场影响力进一步扩大。

5 月 19 日是第四个“中国旅游日”，为吸引更多的游客前来欣赏湿地风光、体验风土人情、品尝溱湖八鲜，同时进一步宣传保护湿地与野生动植物资源，江苏泰州市溱湖国家湿地公园于当天对游客实行门票优惠活动。

6 月，来自古巴、墨西哥、巴拿马等 7 个国家的 18 名拉美国家媒体新闻记者来到神农架林区参观采风，记者们用手中的笔和镜头将神奇美丽的神农架向拉美国家推广和宣传，使更多的人了解神农架、认识神农架、走进神农架，并让人们认识到加强生态保护的重要性。

8 月，“走进林都伊春”旅游对接会在林都伊春举行，伊春市旅游局根据伊春四季不同的美景，涵盖赏花游、避暑游、赏五花山、自驾游等，推出了精选的 9 条旅游线路，满足不同游客的不同需求。

10 月，为了配合宣传 2014 年 12 月初在泰国举办的“湖南文化走进泰国”活动，“泰国主流媒体聚焦湖湘”采访活动采访团到张家界国家森林公园考察，亲身感受张家界之美，进一步扩大张家界在泰国的知名度和影响力。

10 月，湖北神农架林区旅游委员会和荆楚网联合推出的 2014 神农架秋冬季航

专栏7 伊春市9条旅游线路产品

1. “五月华彩之旅，赏醉美杜鹃”系列产品；
2. “踏寻绿野仙踪，品绿色盛宴”系列产品；
3. “享森林氧吧，跃悠然伊春”系列避暑度假主题产品；
4. “相约激情冰爽，纵情22度的夏天”系列沁水旅游产品；
5. “纵情林海呼吸，寻梦五彩天地”系列秋韵主题产品；
6. “情定龙乡，有缘一生”系列蜜月产品；
7. “激情点燃冰雪”有氧运动系列旅游产品；
8. “追逐林海激情”狩猎体验系列旅游产品；
9. “漫游冰封奇景”摄影主题系列旅游产品。

空旅游产品推介会暨寻找最美红叶摄影大赛活动正式启动，神农架林区旅游委员会邀请了全国主流媒体及旅行社代表40家共聚景区，探讨秋冬季旅游产品营销。

（6）加强与外界组织的合作力度

2014年，森林旅游示范区试点单位加强了与外界组织的合作力度，通过与外界组织的相互学习、相互合作，试点建设的成效更加显著。5月，湖北神农架世界地质公园正式与福建宁德世界地质公园、河南云台山世界地质公园、河南伏牛山世界地质公园、新疆可可托海国家地质公园缔结姊妹公园关系，缔结姊妹公园关系利于彼此信息互通，促进建成精神共同体和利益共同体。

10月，湖南省森林植物园和张家界国家森林公园签署战略性合作框架协议，双方以拥有的动植物资源为基础，开展资源调查、研究和技术推广，在推动生态旅游和动植物资源的有效开发利用方面展开合作；湖南省森林植物园协助张家界国家森林公园建立了动植物科普馆和以珍稀濒危植物和极小种群野生植物保护为主要功能的植物园，同时为公园的动植物旅游资源开发利用、植物景观规划、森林生态旅游、科普宣传建设等工作提供了帮助。

随着生态健康理念的深入，“湿地游”已经成为长三角地区新一轮旅游的热点，江苏溱湖国家湿地公园景区与上海、江苏、浙江、安徽、山东、北京等省（直辖市）2000多家旅行社签订合作协议，走出了一条保护湿地与产业相得益彰、相互促进的新路子。

（7）加强基础设施建设，不断优化旅游环境

2014年，针对森林等自然资源旅游环境的污染状况，各试点单位采取相关措施，努力为游客营造干净安全的旅游环境。4月，张家界国家森林公园针对核心景区摊点摊位存在的超范围、超项目经营等问题，组织了公园相关责任单位，

全面开展摊点摊位集中整治活动。5 月，为打造和谐优美的旅游环境，迎接旅游旺季，张家界国家森林公园按照职能组成社会治安秩序专项整治、旅游行业秩序专项整治、旅游交通秩序专项整治、安全生产和环境卫生专项整治 4 个工作小组，全方位整治公园旅游环境。为了以更方便快捷的方式给旅游者提供食、宿、行、游、购、娱等综合旅游信息服务，以及在网上提供更为形象、生动、直观的旅游景区景点风光和旅游设施信息，增强智慧景区的服务理念，5 月，张家界国家森林公园的数字标示标牌信息查询机正式运行，对游客开放，是张家界国家森林公园景区信息化建设一大亮点。

2. 主要成绩

（1）森林旅游产业长足发展，经济效益进一步提高

2014 年，各试点单位本着“与社区共赢发展”的目标，加大投入力度，不断完善森林旅游发展的基本要素，大大提高了各试点单位森林旅游的发展速度和水平，森林旅游产业规模不断壮大，游客人数与旅游收入不断增长。浙江省温州市实现对外开园 29 个，建成森林绿道 253.1 千米，新增森林公园面积 7232 公顷，投资 50743.7 万元，国家级、市级、县级森林公园形成了“森林围城”的格局。重庆市武隆县六大景区入园总人次达 377.2 万人次，比 2013 年增加 72 万人次，增幅达 23.6%；全年实现经营收入 3.55 亿元，比 2013 年增加 6399 万元，同比增长 22%。福建省蒲城县富岭镇双同村在生态资源保护和推动下，坚持以原始森林作为匡山旅游的亮点，以奇特的自然景观和深厚的人文底蕴为特色，走可持续的绿色致富路，同时突出“一村一品”，鼓励村民生产酸枣糕、笋干等特色农产品，2014 年双同村村财收入达 53 万元，村民人均纯收入 1.1 万元，均以两位数增长。截至 2014 年 9 月 21 日，张家界国家森林公园门票站共接待购票入园人数 1002511 人次，去年同期购票入园人数为 844399 人次，同期增长 18.72%，与 2013 年相比提前了 27 天突破 100 万人次大关。“十一黄金周”张家界国家森林公园共接待一次进山游客 7.8 万人，实现了“安全、秩序、质量、效益”四统一目标和平安满意零投诉的目标。

（2）完善森林旅游基础设施，提高森林旅游服务质量

2014 年，各试点单位大力发展农家乐、林家乐、渔家乐等服务设施，旅游区域内交通条件、公共设施、旅游景点等不断完善以及旅游服务人员素质不断提升，森林旅游的服务质量明显提高。福建省蒲城县富岭镇双同村村两委坚持引领村民走“生态保护、旅游富民”的路子，以“改善人居环境、壮大旅游产业、倡导文明新风、建设美丽双同”为主题，大力推进森林旅游，已建成 15 户“森林人家”。张家界国家森林公园的志愿服务是 2014 年“十一黄金周”的一大亮点，据不完全统计，黄金周期间志愿者们为游客提供义务咨询服务 80000 余人次，发放自驾游指南、导游图等资料约十万份；5 月，南京举办青年奥林匹克运动会，“青奥之旅”活动组委会指定张家界国家森林公园为“青奥之旅”接待景

区。内蒙古自治区阿尔山国家级森林公园于5月正式开通景区观光车运营，并开始无线网络及风光互补基础设施的建设工作；6月末完成了停车场、休闲广场等景区公共交通基础设施共12500平方米的建设工程；景区内已有森林人家31家，而且进行了森林人家建设评选活动，活动的开展使森林文化转换成经济优势，规范了经营行为、提高了接待能力、提升了服务质量。

（3）试点建设目标明确，品牌建设日益加速

2014年，各试点单位在积极开展森林旅游试点建设工作中具有明晰的工作方向与工作目标，品牌建设不断加强。

7月，浙江省温州市政府通过了《关于围绕“两美”目标推进大都市区建设的实施意见》，明确提出建设美丽温州、创建美好生活，积极推进森林公园建设，打造一流森林休闲养生福地；2014年温州市荣获“国家森林城市”称号，温州市雁荡山国家森林公园荣获“国家生态文明教育基地”称号。

重庆市武隆县始终坚持“世界眼光、目标标准”，始终做到高起点规划、高品质建设、高水平管理、高定位营销，锲而不舍地打造武隆品牌，推动“重庆的武隆”、“中国的武隆”向“世界的武隆”嬗变；第二届中国文化旅游品牌建设与发展峰会暨“影响世界的中国文化旅游知名品牌”发布会上，武隆荣获“影响世界的中国文化旅游名县”称号。

福建省蒲城县富岭镇双同村得到了县委、县政府的高度重视和省、市主管部门的大力支持，在创建最佳生态环境的过程中取得了很大的成绩；9月，在中国生态文化协会组织的“全国生态文化村”和“全国生态文化示范基地”遴选命名活动中，全国共有109个村被授予“全国生态文化村”称号，其中浦城县富岭镇双同村荣获此称号；同年12月，福建省蒲城县富岭镇双同村入选“第四届全国文明村镇”候选名单。

湖南省张家界国家森林公园以全面建设“示范性国家森林公园”和“一流国家森林公园”为总目标，扎实推进森林旅游示范区建设，努力实现一流景区、一流管理、一流服务、一流效益，把森林公园打造成观光旅游的先导区、休闲度假的疗养区、平安满意的示范区、低碳生态的保护区；4月，张家界国家森林公园管理处门票管理站被授予2014年全国工人先锋号集体，该门票管理站推出开放全天候站立服务微笑验票通道、全天候标准化微笑服务售票窗口等五个“全天候”系列为游客提供优质服务。

江苏省姜堰溱湖国家湿地公园突出科研支撑和文化挖掘两大重点，旨在将其建设成为以溱湖自然生态湿地为核心，以地域历史文化内涵和民俗风情为依托，具有湿地保护、科学研究、科普教育和旅游休闲度假等功能的国家级湿地公园；8月，溱湖国家湿地公园凭借其风光秀美的湿地、深厚的人文底蕴、独特的民俗风情、优质的服务理念，荣获“青奥之旅指定接待景区”称号。

湖北省神农架林区紧抓发展机遇，以“绿色决定生死”的理念，坚定不移

走绿色发展之路；9月，第十六届中国人与生物圈保护区网络大会在2014长白山国际生态论坛主会场召开，中国人与生物圈国家委员会向神农架中国生物圈保护区网络培训基地授牌。

（二）全国生态旅游示范区

生态旅游示范区是指是以独特的自然生态、自然景观和与之共生的人文生态为依托，以促进旅游者对自然、生态的理解与学习为重要内容，提高对生态环境与社区发展的责任感，形成可持续发展的旅游区域。自从2012年9月国家旅游局和环境保护部联合制定的《国家生态旅游示范区管理规程》和《国家生态旅游示范区建设与运营规范(GB/T26362–2010)评分实施细则》颁布实施，国家旅游局、国家环保部每年开展国家生态旅游示范区的评选活动。2014年公布了37家国家生态旅游示范区，涉及森林公园、湿地公园、自然保护区的有黑龙江省五常市凤凰山国家森林公园、上海市海湾国家森林公园、湖南省株洲市神农谷国家森林公园、湖南省永州市阳明山国家森林公园、内蒙古自治区呼伦贝尔市根河源国家湿地公园、辽宁省盘锦市红海滩湿地旅游度假区、浙江省杭州市西溪国家湿地公园、江西省上饶市鄱阳湖国家湿地公园、山东省济宁市微山湖国家湿地公园9家单位。

（三）国家沙漠公园试点建设

按照《国家沙漠公园试点建设管理办法》（林沙发〔2013〕232号）的要求，各级林业相关部门积极开展国家沙漠公园建设试点工作，发挥沙漠公园在荒漠生态系统改善和治理进程中的重要作用。2014年，国家林业局共批复了32个国家沙漠公园开展试点建设，涉及7个省、自治区和新疆建设兵团，详见附录五。相关省、自治区、直辖市林业厅（局）强化了对国家沙漠公园的指导和监管，提高了国家沙漠公园的建设和管理水平，并不断健全机构，加强管理，切实做好沙漠自然景观及林草植被保护工作，不断优化区域生态环境，做好了国家沙漠公园试点建设的各项工作，有序开展试点建设。

专栏8　国家沙漠公园试点建设管理办法

第一条　为促进国家沙漠公园健康有序发展，规范国家沙漠公园试点建设和管理，根据《全国防沙治沙规划（2011–2020年）》和《国家林业局关于开展国家沙漠公园建设试点工作的通知》（林沙发〔2013〕145号）精神，制定本办法。

国家沙漠公园试点建设和管理应当遵守本办法。

第二条　沙漠公园是以沙漠景观为主体，以保护荒漠生态系统为目的，在促进防沙治沙和保护生态功能的基础上，合理利用沙区资源，开展公众游憩、旅游休闲和进行科学、文化、宣传和教育活动的特定区域。

第三条　国家鼓励公民、法人和其他组织捐资或者志愿参与沙漠公园建设和保护工作。

第四条　国家林业局依照国家有关规定对国家沙漠公园进行指导、监督和管理。

国家沙漠公园原则上以县域为单位组织建设。县级以上地方人民政府林业主管部门负责本辖区内国家沙漠公园的指导和监督。跨县级行政区域的应由相应的上级人民政府和主管部门负责指导和监督。

第五条　由省级林业行政主管部门将拟进行国家沙漠公园试点建设的相关材料报国家林业局。省级林业行政主管部门报送相关材料时，应当提交拟建国家沙漠公园的总体规划、反映拟建国家沙漠公园现状的图片资料和影像资料、省级林业行政主管部门的推荐材料及专家评审意见。

第六条　建设国家沙漠公园，须经当地县级以上（含县级）人民政府确认，且土地所有权、使用权权属和四至清晰、无争议，相关权利人无不同意见。

第七条　国家林业局组建国家沙漠公园试点建设评审专家委员会，负责对推荐材料进行审核，根据需要可以组织专家赴实地评估，并提交评估报告。

（一）材料审查：国家林业局负责从国家沙漠公园试点建设评审专家委员会中抽取有关专家，对推荐材料的完整性、真实性和科学性进行审查。

（二）实地评估：通过材料审查的单位，国家林业局组织专家考查组进行实地评估。考查组在实地考查结束后一周内，将经考查组所有成员签字确认的书面考查意见交国家林业局。

（三）综合评审：国家林业局负责组织召开国家沙漠公园试点建设综合评审会，从国家沙漠公园试点建设专家委员会中抽取评审委员，对沙漠公园试点建设创建工作进行综合评审。

评审委员通过查看国家沙漠公园试点建设创建推荐材料、观看创建工作技术报告DVD音像片、听取实地考察评估意见和综合评议等评审程序，对国家沙漠公园试点建设单位进行投票和打分，形成综合评审意见。

第八条　国家沙漠公园试点建设评审专家委员会评审通过并经国家林业局研究确定的试点建设单位，在国家林业局政府网站上进行公示，公示时间为10个工作日，公示无异议后由国家林业局复函同意。

第九条　国家沙漠公园试点建设单位实行滚动式管理，实行“准入—退出”机制，对有明显不良记录的，责令其限期整改。整改仍不合格的，停止国家沙漠公园试点建设。

第十条 国家沙漠公园试点建设要发挥以保护、教育、培训、科研和游憩等为目标的生态公益功能，做好合理的功能分区，实行分区管理，主要包括沙地保育区、宣教展示区、沙漠体验区、管理服务区等。

（一）沙地保育区主要是利用现有人员和技术手段开展沙漠公园的植被保护工作，实行最严格的生态保护和管理，建立必要的保护设施，提高管理水平，巩固建设成果。同时对具有植被恢复条件的和可能退化并对沙漠公园整体功能造成严重影响的区域，可以采取以生物措施为主的综合治理措施，持续提高沙漠公园的生态功能。

（二）宣教展示区主要开展以沙漠生态系统展示、科普教育为主的活动，修建必要的基础设施如道路、展示牌及科普教育设施等。

（三）沙漠体验区开展以不损害沙漠生态系统功能的生态旅游等游憩活动，建设必要的旅游装备设施和景点。

（四）管理服务区主要开展管理、接待和服务等活动，做好基础设施建设，完善服务功能，提高服务水平。

第十一条 国家沙漠公园试点建设要与主体功能区规划相衔接，与生态资源保护、利用等相关规划相衔接，建设范围不得随意改变。

第十二条 国家沙漠公园试点建设使用统一标识和命名，国家沙漠公园采取下列命名方式：省（自治区、直辖市）—地名—国家沙漠公园。

第十三条 国家沙漠公园试点建设应设置宣传教育设施，宣传沙漠公园的意义和作用，介绍荒漠生态系统的功能和价值，提高公众对防沙治沙、保护生态的意识。

鼓励国家沙漠公园定期向中小学生免费开放。

第十四条 各林业行政主管部门应当定期对辖区内的资源开展调查和动态监测，建立档案，并根据监测情况采取相应的管理措施。

第十五条 本办法自2014年2月1日起施行，有效期至2017年9月30日。

（四）国家公园试点建设

2014 年，国家发展和改革委员会组织起草的《建立国家公园体制试点方案》正式会签国家林业局，初步确定北京、吉林、黑龙江、浙江、福建、湖北、湖南、云南、青海 9 个省（直辖市）为试点单位。建立国家公园体制重在解决试点区域国家级自然保护区、国家级风景名胜区、世界文化自然遗产、国家森林公园、国家地质公园等禁止开发区域交叉重叠、多头管理的碎片化问题，形成统一、规范、有效的管理体制和资金保障机制，使自然资源资产产权归属更加明确，统筹保护和利用取得重要成效，形成可复制、可推广的保护管理模式。

（五）国家级森林公园解说体系示范点建设

国家森林公园解说体系示范项目的实施，有利于进一步完善各类解说牌识，不仅能够使国家级森林公园有统一的形象建设，同时还能很好地引导森林公园深入挖掘林业生态文化内涵，加快生态文化基础设施建设，提高森林公园建设和森林旅游产品的档次和水平。2014 年 6 月，国家级森林公园解说体系示范点建设工作启动，江苏大阳山国家森林公园、福建灵石山国家森林公园、山东留山古火山国家森林公园、云南磨盘山国家森林公园、安徽滨湖国家森林公园被列入了国家级森林公园解说体系示范点建设。国家森林公园解说体系示范点建设依托“森林景观与生态文化资源保护”项目，建设内容主要包括公园折页宣传册制作、室外森林课堂建设、自导和解说牌式解说规范等。示范点的建设进一步提升了公园的解说能力，有效强化了生态文化教育设施和生态文化教育功能，让游客在森林环境中享受独特体验，拉近公众与大自然的关系，真正让森林公园成为传播生态文化、弘扬生态文明的重要窗口和平台。

二、地方示范建设

（一）安徽省评选首批森林旅游示范景区

2014 年，安徽省森林旅游工作小组依照《安徽省森林旅游示范景区评定办法》中关于森林旅游示范景区评定标准的要求，组织开展了森林旅游示范景区评选工作，最终评选出天柱山国家森林公园、皇藏峪国家森林公园、上窑国家森林公园、琅琊山国家森林公园、天堂寨国家森林公园、敬亭山国家森林公园、丫山省级森林公园、鄣山省级森林公园、徽杭古道景区、牯牛降国家级自然保护区、九华天池风景区、明堂山景区、巨石山景区、齐云山风景名胜区、大蜀山国家森林公园、水墨汀溪景区、八里河自然保护区、太平湖国家湿地公园、恩龙世界木屋村 19 家森林旅游示范景区。森林旅游示范景区的评选带动了全省森林旅游发展。

（二）云南省率先实施森林旅游地方标准

2014 年 12 月，云南省率先编制并实施了云南省首项森林旅游地方标准——《森林旅游示范区评定规程》。在我国有关森林旅游示范区评定方面的国家或行业标准还是空白，森林旅游标准体系也尚未建立。云南省《森林旅游示范区评定规程》的实施不仅能够为云南省森林旅游示范区的评定工作提供技术标准，也将为全国和其他省（自治区、直辖市）森林旅游示范区评定标准的制定提供借鉴。《森林旅游示范区评定规程》有效规范了云南省森林旅游景区和村镇的管理，引导和带动了全省森林旅游的持续、快速发展，并进一步促进全省森林旅游产业的标准化、规范化、科学化发展。

第八章

人才培训

- 全国层面
- 省级层面

第八章 人才培训

2014 年，各级林业主管部门加强了对森林等自然资源旅游相关管理、技术人员的业务培训，从业人员素质明显提高。

一、全国层面

表8–1 2014年国家层面森林等自然资源旅游行业人才培训一览表

序号	类别	培训班名称	培训时间
1	森林公园	国家级森林公园管理高级研修班	3月
2		中国森林旅游信息管理培训班	6月
3		森林公园行业管理暨监督检查研讨班	12月
4		国家级森林公园主任培训班	12月
5	湿地	亚洲国家候鸟保护与湿地管理研修班	4月
6		地方党政干部湿地生态系统保护专题研究班	5月
7		国家湿地公园建设管理培训班	6月
8		全国湿地保护工程管理培训班	7月
9		国际重要湿地生态特征变化预警培训班	8月
10	自然保护区	第十八期国家级自然保护区领导干部培训班	5月
11		海峡两岸自然保护区和国家公园建设管理培训班	7月
12		全国林业国家级自然保护区规范化管理培训班	9月
13		全国林业示范国家级自然保护区建设管理培训班	12月
14	沙漠公园	全国沙漠公园试点建设技术培训班	12月
15	其他	林业行政许可工作培训班	3月
16		亚洲国家生物多样性跨国界保护研究及管理研修班	6月

1. 森林公园

国家级森林公园管理高级研修班 2014 年 3 月，国家林业局国有林场和林木种苗工作总站举办的国家级森林公园管理高级研修班在湖北省宜昌市开班。来自 29 个省（自治区、直辖市）及 3 个森工集团公司森林公园处室、46 个拟设立国家级森林公园申报单位、47 个规划设计单位的相关人员近 260 人参加了培训，培训了森林公园建设和管理相关内容，深入学习贯彻了十八大精神，解读了新时期森林公园的性质、功能和作用。

中国森林旅游信息管理培训班 2014年6月，国家林业局森林公园管理办公室在国家林业局管理干部学院举办了中国森林旅游信息管理培训班。全国30个省、自治区、直辖市，4个森工（林业）集团的77处森林旅游目的地的信息管理人员参加了培训。此次培训内容包括网络基础知识和中国森林旅游网功能说明；各景区的信息管理工作要点；信息报送系统介绍；景区信息管理智慧旅游、宣传营销等典型经验介绍；中国森林旅游网使用说明及操作练习等。培训有效贯彻了全国森林旅游工作会议精神，进一步推动了中国森林旅游信息化建设，充分发挥了信息化在森林旅游行业管理中的重要作用，既拓展了学员的视野、增强了信息管理的意识、提高了应用中国森林旅游网加强宣传的能力，还明确了景区加强信息管理的重点、畅通了业内交流的渠道。

森林公园行业管理暨监督检查研讨班 2014年12月，2014年森林公园行业管理暨监督检查研讨班在福州市举办。全国各省级林业部门森林公园与森林旅游处室的主管人员共50余人参加研讨。研讨班就强化森林公园管理、森林公园政策支持与宣传推介、森林公园监督检查、拓展森林公园发展空间等专题进行了研讨交流，同时邀请IUCN（世界自然保护联盟）中国代表处主任做了“国际保护地绿色名录和国家公园体制建设”讲座。

国家级森林公园主任培训班 2014年12月，国家级森林公园主任培训班在福建农林大学举办，部分国家级森林公园和省级林业部门的主管人员共100余人参加了培训。培训期间，与会人员除了学习国家森林公园的管理与建设、森林公园林相改造理论与技术、环境教育及其规划技术、台湾省观光休闲游憩资源及其发展趋势等理论课程，交流讨论森林养生及产品开发、绿道体系建设实践等森林公园建设经验，还对福州、旗山等国家级森林公园进行实地调研。培训提高了国家级森林公园管理人员的业务理论水平，培养和打造了高素质的人才队伍，提升了森林公园管理建设能力，促进了森林公园事业的健康发展。

2. 湿地

亚洲国家候鸟保护与湿地管理研修班 2014年4月，“亚洲国家候鸟保护与湿地管理研修班”开班典礼在北京林业大学举行。来自土耳其、尼泊尔、吉尔吉斯斯坦、斯里兰卡、文莱、东帝汶等八国的18名林业官员齐聚一堂，开始他们在中国为期三周的学习与研讨。培训期间，八国考察人员来到辽宁双台河口国家级自然保护区，针对湿地水鸟保护与迁徙，湿地保护与管理等方面的做法、措施与经验，与保护区工作人员进行湿地调研与面对面交流。此次研修班促进了我国与各参训国家在生态环境保护方面沟通协作，为今后国与国之间更深层次的交流合作打下了坚实基础。

地方党政干部湿地生态系统保护专题研究班 2014年5月，由中共中央组织部主办，国家林业局人事司、湿地保护管理中心承办的地方党政领导干部湿地生态系统保护专题研究班在国家林业局管理干部学院举办。全国27个省（自治区、直辖市）的分管林业和湿地保护工作的县级领导干部参加了本次培训。研究班采取了专题讲座、学员论坛、案例分析、情景模拟、结构化研讨和现场教学等多种培训形式，培训包括林业建设与生态文明、世界湿地保护形势及其对我国湿地保护管理的启示、中国湿地保护与管理、湿地相关政策法规解读、我国生态环境保护财政支持政策等内容。培训既拓宽了学员的视野、拓展了思维，又聚焦了问题、探讨了对策，达到了理论学习与能力提升的有机统一。

国家湿地公园建设管理培训班　2014年6～7月，国家林业局湿地保护管理中心在山东滕州举办了两期国家湿地公园建设管理培训班，2009年和2010年批准试点尚未验收的国家湿地公园、经批准延期验收的9处试点国家湿地公园建设单位负责人共计240余人参加了培训。通过对湿地公园保护恢复、科研监测、宣传教育、合理利用知识及湿地公园建设验收规定的学习，提高了参训人员的建设管理能力，进一步推动了国家湿地公园的建设管理，为全面提升国家湿地公园建设管理能力，确保国家湿地公园按总体规划开展建设，有序推进湿地保护、恢复、宣教、科研监测与合理利用，按时高质量通过验收，实现国家湿地公园规范化管理，推进国家湿地公园建设健康发展打下了坚实的基础。

全国湿地保护工程管理培训班　2014年7月，国家林业局湿地保护管理中心在宁夏回族自治区银川市举办了全国湿地保护工程技术人员培训班。全国23个省、自治区、直辖市林业厅（局）湿地办负责湿地保护工程的管理人员以及2014年新建湿地保护工程项目的建设单位管理或技术人员参加了培训。培训对全国湿地保护工程“十一五”、“十二五”期间的执行情况、成效情况做了系统回顾，肯定了各省（自治区、直辖市）的湿地保护工程管理工作；对全国湿地保护工程建设检查情况做了说明，指出了各省（自治区、直辖市）在项目实施过程中存在的主要问题。培训班培训的内容主要包括：湿地恢复技术、湿地水鸟的识别与调查、湿地保护工程项目管理、湿地工程监测技术方法、鸣翠湖湿地恢复工程现场教学等。培训班提高了学员们对湿地生态系统的保护管理水平，为实施好所在地点的湿地保护和恢复项目奠定了坚实的基础。

国际重要湿地生态特征变化预警培训班　2014年8月，北京林业大学自然保护区学院在辽宁省盘锦市组织召开了国际重要湿地生态特征变化预警培训工作会议，涉及国际重要湿地生态特征变化监测和评估预警培训、国际重要湿地经验介绍、集体讨论、工作总结和野外现场培训五项内容。培训进一步加强了我国国际重要湿地的保护和管理，提高了我国应对国际重要湿地生态特征变化的能力，帮助国际各重要湿地管理机构、相关省厅管理技术人员更好地理解和执行国家林业局年初发布的《国际重要湿地生态特征变化预警方案》。

3. 保护区

第十八期国家级自然保护区领导干部培训班 2014 年 5 月，第十八期国家级自然保护区领导干部培训班在北京举办，68 位国家级自然保护区的局长接受了培训。培训自 1998 年至今，累计培训了国家级自然保护区管理局局长达 890 多人。该期培训班主要就国家有关自然保护区建设管理的法规、政策；生态保护和自然保护区建设管理的基本理论和技术；国内外有关自然保护区管理的先进理念和做法等内容进行了培训。通过培训，国家级自然保护区的主要领导明确了所在岗位的性质和任务，掌握了自然保护区的核心工作和思路，以便更好地完成好生态建设的重任。

海峡两岸自然保护区和国家公园建设管理培训班 2014 年 7 月，海峡两岸自然保护区和国家公园建设管理培训班在江西省南昌市举办。共计 80 余人参加了此次培训。通过海峡两岸专家的辅导报告，大家进一步了解了国家公园这一国际上普遍采用的自然保护形式，以及台湾的先进技术和做法、大陆其他地方的试点经验，有助于大陆贯彻落实十八届三中全会提出的建立国家公园体制精神，开展国家公园工作和加强自然保护区的建设管理。

全国林业国家级自然保护区规范化管理培训班 2014 年 9 月，由国家林业局主办、神农架国家级自然保护区管理局承办、神旅集团协办的全国林业国家级自然保护区规范化管理培训班在湖北省神农架木鱼镇举行。全国国家级自然保护区的 129 名代表参加了培训。培训以相互交流的方式分为理论教学和实地教学两部分，在理论授课中，专家们围绕保护区规范化管理、精细化管理、社区管理、信息化建设、科研监测、人员培养、文化与发展的关系等内容开展了精彩的理论授课和经验交流。在现场教学中，培训班组织学员走进神农架国家级自然保护区管理局下辖的所站，了解神农架自然保护区管理局在自然资源保护、科学研究、科研成果应用、社区服务、所站标准化建设、合理开发神农架生态旅游资源等方面取得的经验和成果。培训推动了全国保护系统的规范化、科学化，全面提升自然保护区建设管理的管理质量、管理能力和管理效益。

全国林业示范国家级自然保护区建设管理培训班 2014 年 12 月，由国家林业局主办，重庆林业局、重庆缙云山国家级自然保护区管理局承办的全国林业示范国家级自然保护区建设管理培训班在重庆市举办。培训采取了专家授课、经验介绍、现场教学、讨论总结等多样化的培训方式，涉及保护区规范化管理、人员培养、保护区社区共管、打造城郊型示范保护区、保护行动规划和管理规划的编制等多个领域的内容。培训会深入贯彻落实了党的十八大“尊重自然、顺应自然、保护自然”的生态文明理念，大力促进了自然保护区人员的理念更新，进一步提高了示范自然保护区人员的理论水平，对加强自然保护区的规范化、科学化管理和建设具有积极而长远的意义。

4. 沙漠公园

国家沙漠公园试点建设技术培训班 2014年12月，国家林业局防沙治沙办公室主办的国家沙漠公园试点建设技术培训班在国家林业局管理干部学院举办。来自12个省（自治区、直辖市）的40名学员参加培训。培训班对国家沙漠公园建设总体情况，国家沙漠公园规划编写与湿地、森林公园规划编写的比较，国家沙漠公园试点建设总规编写规范，国家沙漠公园申报程序及申报要点，国家沙漠公园试点建设的公众参与机制和多元化主体共赢，国家沙漠公园试点建设管理技术要求导则等做了深入细致的培训、研讨、交流。培训要求各省（自治区、直辖市）积极申报国家沙漠公园，全力探索符合我国国情的国家沙漠公园建设成功经验，为下一步在全国范围稳步推进国家沙漠公园建设奠定坚实基础。

5. 其他

林业行政许可工作培训班 2014年3月，国家林业局政策法规司（简称政法司）在广东省珠海市举办了林业行政许可工作培训班。培训班上，政法司有关负责人重点讲解了行政审批制度改革的精神、任务和要求，介绍了国家林业局行政审批制度改革情况和野生动植物行政许可委托实施有关情况；造林司介绍了林业植物检疫行政审批有关情况；场圃总站介绍了国家级森林公园行政许可事项有关情况。通过培训，进一步提升了林业行政许可工作人员对行政审批制度改革必要性和重要性的认识，并进一步提高了有关工作人员办理日常行政许可事务的能力和水平。

亚洲国家生物多样性跨国界保护研究及管理研修班 2014年6月，在国家林业局管理干部学院举办了亚洲国家生物多样性跨国界保护研究及管理研修班，来自斯里兰卡、巴勒斯坦、吉尔吉斯斯坦、朝鲜、不丹、缅甸、东帝汶、尼泊尔、也门、菲律宾、印度尼西亚共11个亚洲国家的23名环保和林业专家、政府官员参加了本次研修班。本次研修班的举办为来自亚洲不同国家的学员提供了增进了解、加强交流、相互学习的极好机会，为各国在生物多样性跨国界保护领域交流经验和做法提供了平台。

二、省级层面

山西、吉林、江苏、浙江、江西、山东、湖北、湖南、广东、四川、贵州、云南、陕西、甘肃、青海、新疆16个省（自治区）举办了与森林等自然资源旅游行业相关的人才培训，加强了行业人才队伍素质、技能建设。2014年部分省（自治区）森林等自然资源旅游行业人才培训情况详见表8-2。

表8-2 2014年部分省（自治区）森林等自然资源旅游行业人才培训一览表

序号	省（自治区）	举办时间	培训班名称
1	山西	12月	山西省国家级、省级森林公园建设管理培训班
2	吉林	8月	“湿地生态修复、保护与监测”高级研修班
3	江苏	3月	江苏省湿地保护管理工作业务培训会
4	浙江	10月	浙江省国有林场和森林公园管理人员培训班
5	江西	12月	江西省湿地公园建设和湿地保护培训班
6	山东	8月	山东省国有林场和森林公园培训班
7	湖北	11月	湖北省湿地公园管理技术培训班
8	湖南	6月	湖南省森林公园业务知识培训班
9	湖南	8月	湖南张家界国家森林公园信息化培训班
10	湖南	11月	“游憩与公园管理”脱产培训班
11	广东	5月	广东省湿地知识培训班
12	广东	10月	广东省森林公园建设管理培训班
13	四川	3月	四川省湿地公园建设管理培训班
14	四川	5月	四川省森林公园主任培训班
15	四川	8月	四川省森林公园财政资金项目管理培训班
16	贵州	7月	贵州省森林公园建设培训班
17	贵州	9月	贵州省森林公园现场会暨森林公园主任培训班
18	云南	11月	云南省湿地保护管理培训班
19	云南	12月	2014年国家公园管理培训班
20	陕西	9月	陕西省周至保护区管理局举办巡护监测培训班
21	陕西	10月	陕西省湿地宣教知识培训班
22	甘肃	6月	甘肃省森林公园和森林旅游工作管理人员培训班
23	青海	3月	国际重要湿地和国家湿地公园培训班
24	新疆	6月	新疆2014年森林公园森林旅游培训班
25	新疆	6月	新疆自然保护区建设和湿地保护管理专业技术骨干培训班

第九章

宣传推介

- 专用标志
- 森林旅游系列推选活动
- 大型公益活动
- 节庆活动
- 影视片制作
- 出版物
- 森林旅游网络平台

第九章　宣传推介

按照《国务院关于促进旅游业改革发展的若干意见》、《国家林业局关于加快发展森林旅游的意见》提出的“加大森林旅游宣传力度，打造优秀森林旅游品牌”的要求，2014 年，全社会纷纷加大了对森林旅游的宣传力度，森林旅游的社会影响力不断提升，成为公众出游的一个重要选择。

一、专用标志

专用标志的使用不仅可以有效树立鲜明的社会形象、提高森林公园行业的社会影响力，而且能够凝练森林公园的文化内涵、增强公众的深刻认知。中国国家森林公园标志是国家森林公园推行规范化、标准化管理的重要环节，对实施国家品牌战略、提高国家森林公园的整体管理水平、促进森林公园事业持续健康发展具有重要的现实意义。国家林业局于 2006 年开始使用中国国家森林公园统一专用标志，根据《中国国家森林公园专用标志使用暂行办法》，截至目前，我国共有 618 处获得中国国家森林公园专用标志使用授权的国家级森林公园，详见图 9-1 (a、b)。

各省（自治区、直辖市）单位也相继使用省级森林公园专用标志来提升森林公园的社会影响力。2014 年 7 月，甘肃省开始使用省级森林公园专用标志，标志以“甘肃省级森林公园”中文字的象形特征为主题，紧扣森林公园“山、水、园、林、路”五个要素，采用象形、变体、抽象、写实、写意、工笔等设计思想完成标志的总体设计。标志充分展示了甘肃省多样的森林类型和优美的森林自然风光，也体现出了欢迎和引导大众走进森林、亲近自然，为公众提供生态游憩服务的宗旨。

图9–1（a）　中国国家森林公园专用标志

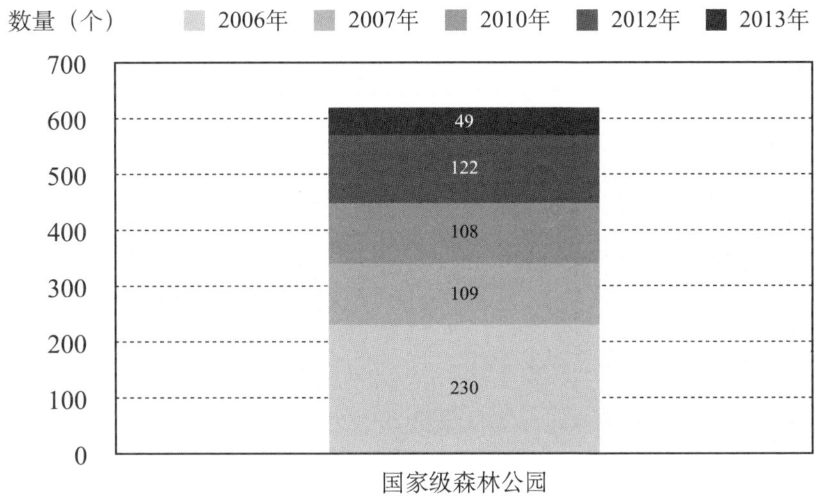

图9–1（b） 中国国家森林公园专用标志使用情况

二、森林旅游系列推选活动

（一）国家森林城市

城市森林是城市自然生态系统的主体，是推动城市科学发展的重要基础和保障。发展城市森林、建设森林城市已成为建设生态文明和美丽中国的生动实践，成为改善生态环境和民生福祉的重要内容，成为发展生态林业和民生林业的有力抓手，对于全面建成小康社会、实现我国经济社会可持续发展具有不可替代的作用。全国各城市认真践行“让森林走进城市、让城市拥抱森林”的宗旨，以生态文明新理念为引领，加强组织领导、科学规划布局、广泛宣传发动，深入开展国家森林城市创建活动。2014 年 9 月，17 个城市被全国绿化委员会、国家林业局授予“国家森林城市”称号，分别为山东省淄博市和枣庄市、河北省张家口市、江苏省镇江市、浙江省温州市、安徽省合肥市和安庆市、江西省吉安市和抚州市、河南省郑州市和鹤壁市、湖北省襄阳市和随州市、湖南省郴州市和株洲市、广东省惠州市、四川省德阳市。截至 2014 年，全国有 21 个省（自治区、直辖市）的 75 个城市获得“国家森林城市”称号,130 多个城市开展了国家森林城市创建活动。

（二）浙江最美森林

为进一步弘扬生态文化，发挥森林的生态、经济、社会和文化功能，推动美丽浙江建设，浙江省组织开展了寻找“浙江最美森林”活动。2014 年 8 月，根据“浙江最美森林”评选要求，经征集推荐、公众网评、专家评审，杭州西山天然阔叶林等 50 片森林获“浙江最美森林”称号，萧山越王城山森林等 14 片森林获“浙江最美森林”提名奖。“浙江最美森林”的评选是对历届浙江省委提出的建设绿色浙江、生态省、全国生态文明示范区等战略目标的继承和提升。

通过评选活动，广泛挖掘了浙江省丰富的森林资源，充分展示了“五年绿化平原水乡，十年建成森林浙江”的工作成果；同时，也加大了对浙江省森林资源的宣传和保护力度，进一步弘扬了生态文化。

（三）四川省十大最美杜鹃花观赏地

2014年4月，四川省林业厅指导、四川省生态旅游协会主办的首届四川十大最美杜鹃花观赏地评选暨新都柚花观赏月活动在成都市新都区正式启动，由此也拉开了四川省“生态旅游、绿色出行、健康生活”主题活动的序幕。四川是中国杜鹃花品种丰富的省份之一，杜鹃花资源在四川生态资源中占有不可替代的战略地位。首届四川十大最美杜鹃花观赏地评选活动通过历时3个月的网友投票和专家评议，最终推选出四川十大最美杜鹃花观赏地，分别是会理龙肘山风景区、瓦屋山国家森林公园、峨眉山国家级风景名胜区、成都花舞人间景区、米仓山国家森林公园、金阳百草坡省级自然保护区、宣汉观音山省级森林公园、海螺沟国家森林公园、康定木格措景区、盐边格萨拉生态旅游景区。四川省林业厅开展的杜鹃花资源普查以及四川省最美杜鹃花观赏地评选活动增进了社会公众对四川杜鹃花资源的认识和了解，提倡关注、支持和推广四川杜鹃花品牌，进一步促进了四川省生态文明建设。

三、大型公益活动

（一）“绿色中国行”走进普洱

2014年11月，由全国绿化委员会、国家林业局、中国绿化基金会、中华文化交流与合作促进会共同主办的大型系列主题公益活动“绿色中国行——走进太阳河国家森林公园”在云南普洱举行。国家森林公园既是一种重要的保护地

专栏9 普洱宣言

绿色中国行活动主题：

弘扬生态文明，传播绿色理念，推动绿色发展，建设美丽中国

绿色中国行走进普洱8+1对话主题：

国家森林公园的保护性利用

活动达成以下共识：

● **森林拥有强大的生态服务功能**

森林属于陆地上分布最广、最重要的自然生态系统类型，拥有强大的生命力。森林具有多种生态服务功能，它不仅在涵养水源、保育土壤、固碳释氧、净化大气、防沙降尘等方面具有强大功效，而且可以在

提供森林游憩、生态教育等机会方面发挥不可替代的作用。

● **国家森林公园是珍贵自然遗产资源的集聚之地**

国家森林公园内包含着十分丰富的在全国范围内具有稀有性、典型性和突出普遍价值的珍贵的森林风景资源。这些资源是不可再生的自然遗产、是人类的共同财富、是国家形象的代表、是经济社会可持续发展的重要物质基础，保护好这些珍贵资源并使后代人拥有同等的欣赏利用机会是时代赋予我们这一代人的神圣使命。

● **国家森林公园承担着保护与利用的双重责任**

国家森林公园既是一种重要的保护地类型，同时也承担着为公众提供森林游憩机会的重要任务。对森林资源的保护性利用，关系到国家生态安全和民生福祉。

● **保护性利用应当成为国家森林公园保护与发展的新常态**

保护性利用应当成为国家森林公园经营管理的基本原则，把保护好森林、湿地、野生动植物资源作为资源利用的前提，对资源的利用强度应当控制在自然承载力范围之内，控制在生态修复能力之内。

● **国家森林公园应当为当地百姓提供分享发展成果的机会**

当地百姓应当成为珍贵遗产资源保护与利用的参与者和受益者，国家森林公园应当为促进林农就业增收创造机会，这既是民生林业发展的必然要求，也是国家森林公园可持续发展的内在需要。

● **国家森林公园应当为传播生态文明理念发挥更加积极的作用**

国家森林公园蕴含着十分丰富的生态文化要素，可以通过组织丰富多彩的森林旅游产品，以寓教于乐的形式，传播人与自然和谐价值观，帮助人们培养起尊重自然、顺应自然、保护自然的生态情怀。

为了进一步促进国家森林公园的保护性利用，我们倡议：

（1）保护珍贵自然遗产资源是全社会的共同责任，不管是管理者、经营者，还是旅游者、当地百姓或者新闻工作者，都应当为珍贵资源的保护尽一份责任和义务。

（2）进一步加强珍贵资源管理，要进一步明确珍贵资源的类型、规模、特征及其保护价值，并提出相应的保护对策，要杜绝各种重开发、轻保护，重眼前、轻长远的开发建设行为。

（3）把保护性利用作为国家森林公园行业管理的基本理念，坚持保护第一、合理利用的基本方针，并将其贯穿到相关法规、规章、政策和标准体系中去。

（4）根据国家森林公园的自身特点，积极构建特色鲜明的森林旅游产品体系，大力发展休闲度假、森林体验、森林养生等森林旅游新业态，不断满足人们对森林旅游的多样化需求。

(5) 充分挖掘各国家森林公园的生态文化内涵，明确生态文化教育主线，积极推进生态文化基础建设和能力建设，提高科普解说水平，强化生态教育功能。

(6) 切实维护相关权利人的合法权益，维护责、权、利的有机统一。充分尊重当地百姓对森林公园管理和森林旅游发展的合理关切和诉求，鼓励其积极参与到森林旅游发展的各个环节中去。

类型，同时也承担着为公众提供森林游憩机会的重要任务，活动围绕“国家森林公园的保护性利用”展开。保护性利用是国家森林公园经营管理的基本原则，对森林资源的保护性利用，关系到国家生态安全和民生福祉，把保护好森林、湿地、野生动植物资源作为资源利用的前提，对资源的利用强度应当控制在自然承载力范围之内、生态修复能力之内。活动过程中，“绿色中国行”活动组委会向普洱市人民政府和普洱太阳河国家森林公园授予“绿色中国特别贡献奖”。

（二）国家森林公园风光博览和森林旅游公益宣传活动

为展示我国重要森林景观和生态文化资源的保护与利用成就，激发人们走进森林、体验自然的热情，促使人们树立关注森林、保护自然的生态情怀，国家林业局森林公园管理办公室于 2014 年 9 ～ 10 月在北京地铁 4 号线繁华地段的隧道开展以“走进森林、体验自然”为主题的国家森林公园风光博览和森林旅游公益宣传活动。活动采取了图片展示的形式，共有 61 张特色精美图片展出，每张图片代表 1 个国家森林公园并配有森林公园名称。

四、节庆活动

（一）2014年中国（温州）森林旅游节

2014 年 4 月，由国家林业局、浙江省人民政府主办的中国（温州）森林旅游节在泰顺县泗溪镇廊桥文化园开幕。此次森林旅游节以“亲近山水泰顺，传承生态文明”为主题，持续约 1 个月。旅游节规格较高、主题新颖、内容丰富，主要内容包括“纪念 2014‘国际森林日’宣传活动”、“第五届‘三月三’畲族风情文化节”、“‘有氧温州之旅’体验活动”等 9 个部分，包含中国（温州）国际山地户外运动挑战赛、泰顺山水文化系列宣传活动、“寻找中国好空气”活动、“千车万人游泰顺”等多项活动。一年一度的中国（温州）森林旅游节已经成为我国森林旅游发展中的一个重要品牌，在扩大森林旅游的社会影响力、拓展森林旅游市场、传播生态文明理念中发挥了积极作用。通过举办各类活动，进一步增强了人们关注森林、保护生态的意识，进一步唤起了人们走进森林、享受自然的热情，进一步提高了森林旅游在推动生态林业、民生林业建设中的重要作用，为建设美丽中国、实现生态文明做出新的更大贡献。

（二）中国林学会森林公园年会

中国林学会森林公园分会始终坚持“保障森林公园和森林旅游的持续健康发展，满足广大人民群众日益增长的生态文化需求”的办会宗旨。2014 年 10 月，中国林学会森林公园分会主办、中国生态文化协会森林生态文化分会协办、陕西商

专栏10　中国林学会森林公园分会2014年年会内容

为深入贯彻党的十八大、十八届三中全会和2014年全国林业厅局长会议精神，探讨城郊型森林公园发展问题，总结交流有关学术研究成果，研究决定理事会相关事宜，推动学科发展和科技进步，中国林学会森林公园分会于2014年10月28日至31日在陕西金丝峡国家森林公园召开2014年年会。

本次年会主要内容主要包括：召开第三届理事会第二次会议、举办以“大力推动城郊型森林公园发展”为主题的学术研讨会等。

（一）研讨会背景

城郊森林公园是毗邻城镇，林木资源比较丰富，具有相应的游览服务设施，供人们亲近自然、休闲健身和科普活动的场所，是推动生态文明和美丽中国建设的重要载体。随着人民生活水平的不断提高，生态需求日益旺盛，城郊型森林公园得以迅速发展，成为各地改善民生、优化环境、建设生态城镇、发展民生林业的一项重要内容。如何有效解决城郊森林公园建设的理论与实践问题，推动城郊森林公园持续、健康、有序发展是全社会十分关注的话题。此次会议，旨在搭建学术平台，汇聚专家智慧，为推动城郊型森林公园的可持续发展献计献策。

（二）研讨会主题

大力推动城郊型森林公园发展，促进民生林业发展。

（三）研讨会议题

1.城郊森林公园和美丽中国；

2.城郊森林公园和生态文明；

3.城郊森林公园和城市发展；

4.城郊森林公园和居民休闲；

5.城郊森林公园开发管理；
6.城郊森林公园法律法规建设；
7.城郊森林公园体制机制创新；
8.城郊森林公园森林景观规划设计。

南金丝峡国家森林公园与福建农林大学艺术学院和园林学院承办的中国林学会森林公园年会在陕西金丝峡国家森林公园隆重召开。年会以“大力推动城郊型森林公园发展，促进民生林业发展”为主题，紧扣人民日益旺盛的生态需求，对城郊型森林公园发展，建设生态城镇，发展民生林业等重大问题开展研讨，着力解决城郊森林公园建设的理论与实践问题，推动城郊森林公园持续、健康、有序发展。

（三）特色生态旅游产品发布会

2014 年 10 月，中国林业产业联合会森林旅游分会、森林国际旅行社联合举办的特色生态旅游产品发布会暨森林国际旅行社成立 20 周年纪念活动在北京国林宾馆举行。会议推出了 10 个专线 20 条生态旅游特色产品，森林旅游在做好常规旅游产品的基础上，挖掘自身的资源优势，发挥杭州千岛湖、安徽黄山等及周边地区的潜力，增加了体验式消费，加强了旅游产品的地方文化及森林生态特色。会议还推出了 2015 年北京地区森林生态游览年票和锦绣江山全国联合旅游年卡，年卡汇集了 17 个省（自治区、直辖市）、130 个城市的 800 余家景区景点和森林旅游资源，打破了省市限制，可跨区域发行使用。

（四）世界湿地日

为认真贯彻国家林业局湿地保护管理中心《关于开展 2014 年“世界湿地日”宣传活动的通知》精神，加大对湿地保护的宣传，进一步增强社会公众对湿地重要意义的认识，提高广大群众保护湿地的意识，各级林业部门广泛开展了多层次多形式保护湿地和生物多样性的宣传，增强了社会公众对保护湿地及其生态环境的意识。2014 年是联合国“国际家庭农业年”，2014 年 2 月 2 日世界湿地日的主题为“湿地与农业”，宣传口号是“湿地与农业：共同成长的伙伴”，旨在强调湿地与农业相互依存以及湿地对农业所起到的重要作用。

（五）北京森林文化节

2014 年 3 月，第二届北京森林文化节在西山国家森林公园拉开大幕，文化节持续约 7 个月。文化节期间，北京市各大森林公园集中开展了 77 项丰富多彩的森林文化活动，北京市西山国家森林公园开展了义务植树、踏青赏花、摄影比赛、古乐演奏、艺术文化展、森林定向运动、森林手工制作、野生动物保护等多项系列活动；北京市八达岭国家森林公园推出丁香生态文化节、消夏避暑文化节、红叶生态文化节等多项文化活动。通过举办北京森林文化节，引导广大市民特别是青少年走进森林、体验森林、热爱森林、保护森林，普及森林科普知识、弘扬生态文明理念、倡导绿色健康生活，大力宣传了首都园林绿化事业和森林公园建设取得的丰硕成果。

（六）吉林省森林生态旅游企业联盟第二届年会

2014 年 6 月，吉林省森林生态旅游企业联盟第二届年会暨打造大长白山旅游新格局论坛在长白山管委会举行。会议强调了组建成立吉林省生态旅游企业联盟是国际、国内形势发展的必然趋势，联盟发展是为了更好地打造具有吉林特色的旅游经济。企业间的通力合作加大了对旅游产品的促销、经营力度，更深层次地挖掘了吉林旅游的历史、文化内涵，提高了吉林省森林生态旅游的文化底蕴，促进了吉林省森林旅游的发展。

（七）第七届中国（大庆）湿地旅游文化节

2014 年 7 月，大庆新闻传媒集团和大庆城市文化集团共同主办的第七届中国（大庆）湿地旅游文化节启幕。文化节以“湿地深呼吸——生态湿地，幸福大庆”为主题，全方位展示了大庆深厚的城市文化、独特淳朴的社会风尚以及现代都市的恒久魅力。多个亮点点亮了此次湿地文化节：文化节坚持“市场化、专业化、市民化”办节思路，举办了各种旅游文化活动和开展了形式多样的惠民利民行动，体现了“务实、节俭、快乐、安全”的原则和“城市的品牌，市民的节日”的节庆定位；文化节以历史、文化、生态、美食等为重点，结合大美湿地、特色文化、美食品鉴等独特资源和品牌活动，以重点旅游景区为依托，开发设计了面对国际欧美市场、俄罗斯市场、日韩市场和港澳台地区 4 条精品线路，面对国内市场长三角地区、京津唐地区、珠三角、东北三省 4 条和省内 3 条精品旅游线路；各单位充分借助节庆平台，组织全国知名商协会组织和企业家到大庆深度对接项目，加强了经贸合作交流。

（八）浙江嘉兴生态文化旅游节暨南湖桃花节

2014 年 3 月，嘉兴市旅游局、嘉兴市文化广电新闻出版局、南湖区人民政府主办的一年一度南湖桃花节在嘉兴梅花洲景区召开。桃花节以“生态桃源，智游乐居”为主题，持续约 5 个月，涵盖生态之旅、文化之旅、艺术之旅、体验之旅、美食之旅五大内容，包括生态骑行、禅修讲座、桃源相亲、农耕采摘、自驾露营、密室逃脱、露天电影、端午民俗文化节近 30 场活动。桃花节进一步放大了江南古镇文化生活和休闲农业生态旅游的特点，突出了江南地域文化特色，提升了品牌文化的影响力。

（九）安徽合肥首届森林生态旅游节

2014 年 4 月，合肥市林业和园林局、市旅游局、市政府新闻办主办的合肥首届森林生态旅游节在肥西官亭万亩生态园举行。旅游节以“走进森林之城、体验生态之旅”为主题，持续约 3 个月。合肥市开展了各类森林生态旅游文化活动，比如：肥西户外旅游文化节、冶父山国家森林公园登山祈福节及花卉观赏节等。还组织开展了森林生态旅游研讨会、征文比赛、摄影大赛、森林人家美食评选等活动，极大地推动了合肥市森林旅游的发展。

（十）四川省林业生态旅游发展暨森林公园建设推进会

2014 年 10 月，四川省林业生态旅游发展暨森林公园建设推进会在阿坝藏族羌族自治州黑水县召开。会议贯彻落实了全省深化农村改革会议、全省旅游工作电视电话会议及全省藏区生态旅游工作会议精神，强调了林业生态旅游是新兴朝阳产业，全省要主动顺应大众化、散客化、多元化、全域化旅游发展态势，充分发挥林业生态旅游资源多、面积广、品质好、类型丰富、形式多样的优势，推动全省林业生态旅游迈上新台阶。四川省森林公园建设“有思路、有抓手”，森林公园建设管理工作和生态旅游节会“有特色、有干劲”，林业生态旅游发展在全国“有成效、有影响”，切实推动了森林公园建设和林业生态旅游产业再创佳绩。

（十一）陕西省森林旅游宣传月

2012 年陕西省将每年的 4 月定为森林旅游宣传月。2014 年，太平、朱雀等森林公园开展了宣传月的推介活动多项；天华山国家森林公园通过省市电视台及《华商报》、陕西旅游交通广播等媒体，对森林公园进行了连续宣传推介；金丝峡国家森林公园建成了陕南首家 5D 影院。通过森林旅游景区精心策划的各种旅游节庆活动，提供市民与景区面对面交流咨询的机会，唤起了市民走进森林、贴近自然的热情。

五、影视片制作

（一）《中国国家森林公园》大型电视纪录片

国家林业局森林公园管理办公室和中央电视台第七频道历时 3 年联合摄制完成的《中国国家森林公园》是我国首部以全景视角展示国家森林公园自然景观与人文风貌的大型电视纪录片。纪录片主要以森林科普和生态保护为主题、以自然景观和野生动植物为特色、以人与自然关系为视角，集科学性、故事性和趣味性于一身，摄制组先后探访了海南吊罗山、广西姑婆山、湖南九龙江、江西铜钹山、安徽天柱山、山西太岳山、内蒙古森工阿里河、内蒙古黄岗梁、宁夏苏峪口、陕西牛背梁、四川二郎山、重庆酉阳桃花源、云南宝台山、青海麦秀，以及新疆的夏塔古道、巩留恰西、科桑溶洞和唐布拉 18 处最具原始野性的国家森林公园。《中国国家森林公园》展现了中国国家森林公园的秀美风光和当地居民的原生态生活方式，揭示了大量兼具科学性和趣味性的自然奥秘，使人们在亲眼见证自然与生命和谐共融的同时，感悟同诸多地球动植物生灵共享一片蓝天的绿色真谛，真切体会到每个公民在生态文明建设中所应担负的责任与义务。纪录片于 2014 年 12 月底和 2015 年春节期间在中央电视台第七频道黄金时段播出。

（二）首届“生态中国，美丽家园”全国书画摄影艺术展

2014 年 10 月，为贯彻落实党的十八大报告提出的“建设生态文明，建设美丽中国，珍爱自然，保护生态，努力走向社会主义生态文明新时代，实现中华民族永续发展”的新要求、新精神，唤起国人热爱、关心、保护、建设生态文明的意识和觉悟，使更多人了解生态、关注生态，进而投身到宣传生态、保护生态的行动中来，中国林业生态发展促进会举办了首届“生态中国，美丽家园”全国书画摄影艺术展。摄影作品从不同侧面展示了我国广袤大地上生态和谐、山川秀美的自然风光，反映了人类与自然生态和谐相处的良好人居环境，揭露了人为破坏自然资源，盗杀、盗卖野生动物的丑恶行径，对保护生态发挥了重要作用。

（三）《北京森林公园》系列专题宣传片

为贯彻落实十八大和十八届三中全会关于加强生态文明建设的重要精神，大力弘扬森林文化，推动北京市森林公园建设和森林旅游发展，北京市园林绿化局推出了以“走进森林，回归自然”为主题的大型森林文化宣传活动，组织摄制了《北京森林公园》系列专题宣传片。宣传片主要以各森林公园四季森林

专栏11 《北京森林公园》系列专题宣传片播出目录

1.《森林家园》——记北京森林公园建设纪实
2.《盛产“空气维生素”的森林浴场》——记北京西山国家森林公园
3.《上山森林，下山都市》——记北京百望山森林公园
4.《全家周末的后花园》——记北京北宫国家森林公园
5.《闹市吃杏时，山中杏花开》——记北京八达岭国家森林公园
6.《莲石外，古道边，芳草碧连天》——记北京永定河休闲森林公园
7.《一条大河森林宽》——记北京顺义新城滨河森林公园
8.《人在山中走，云深不知处》——记北京云蒙山国家森林公园
9.《山高林密，乐山乐水》——记北京松山国家级自然保护区
10.《原始森林里的避暑山庄》——记北京喇叭沟门国家森林公园
11.《南有苏杭，北有上方》——记北京上方山国家森林公园
12.《野趣十足，风月无边》——记北京大杨山国家森林公园
13.《京北卧龙》——记北京蟒山国家森林公园
14.《京西国道边的动植物大观园》——记北京小龙门国家森林公园
15.《绿海红歌画中游》——记北京霞云岭国家森林公园
16.《青山绿水的实验室》——记北京鹫峰国家森林公园

景观为主要内容，既是北京市森林公园建设成果的展示，也是园林绿化事业蓬勃发展的窗口，提升了森林文化建设影响力，增强了广大市民对森林公园、森林文化和森林旅游的了解和关注，吸引了更多的百姓关注森林、热爱森林、走进森林，共同倡导绿色生活理念、推动生态文明建设。宣传片于2014年9月每晚19:50在北京电视台新闻频道播出。

（四）“生态文明齐鲁行”宣传活动

为广泛宣传林业在生态文明建设中的主体地位，充分展示森林之美，弘扬生态文明，山东省林业厅与山东广播电视台联合开展了“生态文明齐鲁行”宣传活动。宣传活动以“寻找山东最美森林”为主线，系统宣传了富有山东特色的森林旅游资源，把展示森林之美、务林人之美有机融合，把观赏性和故事性有机结合，使观众在享受森林之美中增强生态文明的意识。宣传活动从2014年4月开始，全年制作，在黄金播出时段热线村村通栏目播出，同时，《山东画报》刊发最美森林艺术摄影照片，山东林业信息网站同步发布有关影视信息。活动结束后出版了《多彩森林·美丽山东》宣传画册和影视光盘。

六、出版物

（一）《森林与人类：中国最美森林公园》

2014年1月，中国林学会、中国绿色时报社主办的《森林与人类：中国最美森林公园》专辑出版发行。专辑内容分两个部分，第一部分收录了领导、专家关于森林公园和森林旅游方面的论述；第二部分以图文并茂的方式展示了“2013年最具网络人气的100家最美森林旅游景区”中的27处具有代表性的国家森林公园的壮美景色，并对森林公园的相关情况做了简要介绍。专辑的出版发行加强了森林公园宣传，扩大了森林旅游的社会影响力，充分发挥了森林公园在建设美丽中国、生态文明中的重要作用。

（二）《中国国家森林公园》

2014年9月，国家林业局森林公园管理办公室与中国画报出版社联合编撰的《中国国家森林公园》画册出版发行。画册对在“2013年江苏大阳山杯中国最美森林旅游景区系列评选活动”中受到网民广泛赞誉的78家森林公园进行了集中展示，进一步展示了森林公园在保护森林风景资源和生物多样性、普及生态文化知识、开展森林生态旅游中取得的巨大成绩，凸显了森林公园在建设美丽中国、建设生态文明中的巨大作用，是宣传我国森林公园建设发展情况的高品质图书，具有很高的欣赏和收藏价值。

七、森林旅游网络平台

（一）中国森林旅游网网络建设

中国森林旅游网紧紧围绕森林旅游发展新趋势和新要求，充分发挥网站在促进森林旅游发展中的重要作用。截至2014年12月，网站注册用户2305名，发布各类信息（含文章、图片）8535篇，实现点击750万次，其中，2014年新增注册用户123人，发布信息（含文章、图片）3061篇，实现点击397万次。2014年，中国森林旅游网丰富了内容，调整了网站布局：(1)在原有“新闻”和“评论”的基础上，增设了“研究”频道，使森林旅游资讯体系更完整，内容更专业；(2)对原有副刊频道进行了改造，提高了摄影、文学和日记三个栏目的专业水准，团结并凝聚了一批摄影和文学爱好者；(3)增设了公众参与频道，下设微报、佳作推荐、美图推荐三个栏目。网站的调整和完善在促进行业凝聚力和业内外交流与合作、提升森林旅游的品牌价值、提高各类森林旅游景区的知名度、提高森林旅游管理与服务水平起到了积极作用。

(二)额济纳胡杨林国家级自然保护区网站开通

2014年6月，额济纳胡杨林国家级自然保护区网站通过国家林业局审核，在中国林业网上正式开通。额济纳胡杨林国家级自然保护区网站共设7大板块（保护区概况、工作动态、自然资源、自然保护、公众教育、生态旅游、保护区风光），内容涵盖了保护区的各项工作，全面反映了保护区实况，同时对保护区的自然资源、生物多样性等进行了介绍和展示。网站的开通为全社会参与胡杨林保护提供了平台，进一步扩大了额济纳胡杨林国家级自然保护区的知晓率。

(三)河北森林公园网站开通

2014年8月，河北森林公园网站（www.hebslgy.net）正式开通运行。网站主要由公园导航、资讯动态、政策法规、旅游攻略、科普天地、生态文化、招商引资、行政许可和园区特产等组成，为全省省级以上森林公园建设提供了硬件设施、软件系统和安全防护措施，在实现了网站群核心应用一体化和数据管理平台统一化的同时，全省各森林公园利用该系统建设本单位网站，实现了各子站个性化功能。网站为全省各级森林旅游管理部门和个人提供了公共网络沟通平台，更好地展示了河北省森林公园丰富的自然资源，对提升森林旅游的品牌价值、扩大森林公园的知名度和社会影响力、提高森林旅游管理与服务水平、加快森林旅游业的快速发展具有重要作用。

第十章

国（境）内外交流与合作

- 自然保护联盟（IUCN）
- 对台交流与合作
- 中泰自然保护区管理
- 中韩森林体验教育

第十章 国（境）内外交流与合作

2014年，我国森林等自然资源旅游的国（境）内外交流进一步加强，扩大了中国森林等自然资源旅游的国际影响力，开创了国际交流与合作的新局面。中国大陆与港澳台之间、与别国之间开展了新的交流与合作。中国参加了世界公园大会，还与泰国、韩国等国家相互进行了深入交流。海峡两岸在自然保护区方面的交流与合作对自然保护区建设管理水平发挥了积极作用。

一、自然保护联盟（IUCN）

1. 世界自然保护联盟世界公园大会

世界自然保护联盟世界公园大会每10年举办一次，是在自然保护区规划、治理及管理领域具有重要影响力的全球性会议。2014年11月，世界自然保护联盟主办、澳大利亚环境部及澳大利亚新南威尔士州环境部承办，以“保护地、人类和地球：激发策略”为主题的第六届世界公园大会在澳大利亚悉尼奥林匹克公园开幕，来自世界160个国家和地区及国际组织的5000多名代表参加会议，与会代表就扩大自然保护区规模、鼓励社会关注和参与保护区发展、加大投入应对挑战等三个方面开展了对话与磋商，共同探讨世界保护区的未来。

中国国家林业局、世界自然保护联盟和世界自然基金会联合举办了名为“走向生态文明——探索有利于中国自然保护事业的国家公园体制”的中国主题边会。中国政府提出了在国家公园建设中遵循的基本原则：保护优先；优化国土空间格局；搭建双边、多边合作机制和平台。

大会产生了全球第一份“绿色名录”，其中中国有6个（全球23个）自然

专栏12 2014年全球第一份“绿色名录”（中国）

1.唐家河国家级自然保护区
2.龙湾群国家森林公园
3.长青国家级自然保护区
4.五大连池风景名胜区
5.黄山世界遗产地
6.东洞庭湖国家级自然保护区

保护地入选首批“绿色名录”，“绿色名录”的评选有助于提高风景名胜区、自然保护区等保护地的保护和管理水平。

2. 国家林业局与世界自然保护联盟年会

2014 年 5 月，国家林业局与世界自然保护联盟年会在北京举行。会议回顾了上一年度合作项目执行情况，商定了 2014—2015 年度合作项目，并形成了《国家林业局与世界自然保护联盟 2014—2015 年度合作备忘录》，本年度双方会在森林景观恢复、森林可持续经营、国家公园体制建设等领域开展 6 个合作项目。

二、对台交流与合作

1. 第 21 届海峡两岸自然保护区及国家公园业务交流研讨会

2014 年 12 月，第 21 届海峡两岸自然保护区及国家公园业务交流研讨会在台湾省举行。国家林业局保护司组织的大陆代表团通过实地考察、与相关人士进行多方位的沟通和交流，对台湾省自然保护区和国家公园的发展、管理和运作模式有了较全面的了解。台湾省在自然保护方面和国家公园的保育、监测工作，环境教育、志愿者服务工作等多方面的发展和经验都值得借鉴和参考。研讨会进一步增进了海峡两岸人民的友谊，加强了自然保护工作交流与合作，对自然保护区建设管理水平发挥了积极作用。

2. 第二届海峡两岸生态保护和自然保护区建设管理交流会

2014 年 9 月，厦门大学环境与生态学院主办的第二届海峡两岸生态保护和自然保护区建设管理交流会在南靖召开。海峡两岸的专家们通过考察交流，分享了自然保护区生物多样性保护、国家公园生物多样性保护与生态旅游保护、管理与研究等方面的经验。交流会进一步加强了闽台两岸生态保护和自然保护区建设管理的交流，推动了自然保护区建设管理向前发展。

三、中泰自然保护区管理

2014 年 1 月，中泰自然保护区管理及人象冲突策略交流会在西双版纳国家级自然保护区管理局召开。泰国考察团与中国代表团进行了深入交流，对双方在自然保护区管理、解决人象冲突矛盾、野生动物肇事等方面开展的工作有了进一步的了解，并就下一步更深层次地开展双方之间的交流与合作达成了初步共识。交流会开创了中泰两国自然保护区管理的新模式，从而进一步拓宽了中泰双方自然保护事业发展之路。

四、中韩森林体验教育

森林体验教育是当今国际社会公认和推崇的生态服务创新模式，通过在森林中体验、感受大自然的教育，感知大自然的恩惠，从而从森林中获取知识和能量。早在2010年5月，国家林业局和韩国国际协力团在北京签署了中韩合作“北京八达岭地区森林资源保护与公众教育”项目实施协议，双方旨在八达岭林场建设一处森林体验中心，宣传森林和环境保护；在松山国家级自然保护区修建生态体验和教育设施，开展生态教育活动。项目的实施提高了项目参与人员森林资源保护和管理的能力，增强了中韩两国之间的友谊，并推进了北京森林体验与教育事业的发展。2014年6月，中韩合作北京八达岭森林体验中心正式对外开放，该体验中心的开放表明北京园林绿化开启了森林体验教育新时代。

附　录

一、2014年新增国家级森林公园名录（12处）

二、2014年新增林业系统国家级自然保护区名录（20处）

三、2014全国林业系统示范自然保护区名单（51处）

四、2014年新增国家湿地公园名录（140处）

五、2014年批复的国家沙漠公园建设试点单位名录（32处）

六、2014年中国森林旅游事记

七、2014森林公园10件大事

一、2014年新增国家级森林公园名录（12处）

1. 安徽合肥滨湖国家森林公园
2. 陕西汉阴凤凰山国家森林公园
3. 山西棋子山国家森林公园
4. 湖北崇阳国家森林公园
5. 湖北汉江瀑布群国家森林公园
6. 山东泉林国家森林公园
7. 江西金盆山国家森林公园
8. 浙江梁希国家森林公园
9. 湖南嘉山国家森林公园
10. 江苏南京老山国家森林公园
11. 内蒙古龙胜国家森林公园
12. 福建五虎山国家森林公园

二、2014年新增林业系统国家级自然保护区名录（20处）

1. 内蒙古自治区（2处）
   毕拉河国家级自然保护区
   乌兰坝国家级自然保护区
2. 辽宁省（2处）
   葫芦岛虹螺山国家级自然保护区
   青龙河国家级自然保护区
3. 吉林省（1处）
   集安国家级自然保护区
4. 黑龙江省（3处）
   太平沟国家级自然保护区
   老爷岭东北虎国家级自然保护区
   大峡谷国家级自然保护区
5. 福建省（1处）
   汀江源国家级自然保护区
6. 江西省（1处）
   铜钹山国家级自然保护区
7. 河南省（1处）
   大别山国家级自然保护区
8. 湖北省（3处）
   洪湖国家级自然保护区
   南河国家级自然保护区
   大别山国家级自然保护区
9. 广东省（1处）
   云开山国家级自然保护区
10. 广西壮族自治区（1处）
    七冲山国家级自然保护区
11. 海南省（1处）
    鹦哥岭国家级自然保护区
12. 四川省（1处）
    千佛山国家级自然保护区
13. 宁夏回族自治区（1处）
    南华山国家级自然保护区
14. 新疆维吾尔自治区（1处）
    巴尔鲁克山国家级自然保护区

三、2014年全国林业系统示范自然保护区名单（51处）

1. 北京松山国家级自然保护区
2. 天津八仙山国家级自然保护区
3. 河北雾灵山国家级自然保护区
4. 山西庞泉沟国家级自然保护区
5. 内蒙古大兴安岭汗马国家级自然保护区
6. 内蒙古贺兰山国家级自然保护区
7. 内蒙古达赉湖国家级自然保护区
8. 辽宁双台河口国家级自然保护区
9. 吉林长白山国家级自然保护区
10. 黑龙江丰林国家级自然保护区
11. 黑龙江呼中国家级自然保护区
12. 黑龙江扎龙国家级自然保护区
13. 黑龙江三江国家级自然保护区
14. 黑龙江凉水国家级自然保护区
15. 上海市崇明东滩鸟类国家级自然保护区
16. 江苏大丰麋鹿国家级自然保护区
17. 浙江天目山国家级自然保护区
18. 安徽扬子鳄国家级自然保护区
19. 福建武夷山国家级自然保护区
20. 江西鄱阳湖国家级自然保护区
21. 江西井冈山国家级自然保护区
22. 山东黄河三角洲国家级自然保护区
23. 河南内乡宝天曼国家级自然保护区
24. 河南董寨鸟类国家级自然保护区
25. 湖北神农架国家级自然保护区
26. 湖南壶瓶山国家级自然保护区
27. 湖南东洞庭湖国家级自然保护区
28. 广东内伶仃福田国家级自然保护区
29. 广东湛江红树林国家级自然保护区
30. 广西猫儿山国家级自然保护区
31. 海南东寨港国家级自然保护区
32. 海南霸王岭国家级自然保护区
33. 重庆缙云山国家级自然保护区
34. 四川卧龙国家级自然保护区
35. 四川唐家河国家级自然保护区
36. 四川王朗国家级自然保护区
37. 贵州梵净山国家级自然保护区
38. 贵州茂兰国家级自然保护区
39. 云南西双版纳国家级自然保护区
40. 云南高黎贡山国家级自然保护区
41. 云南白马雪山国家级自然保护区
42. 西藏珠峰国家级自然保护区
43. 陕西佛坪国家级自然保护区
44. 陕西长青国家级自然保护区
45. 甘肃白水江国家级自然保护区
46. 甘肃莲花山国家级自然保护区
47. 青海青海湖国家级自然保护区
48. 青海可可西里国家级自然保护区
49. 宁夏贺兰山国家级自然保护区
50. 新疆喀纳斯国家级自然保护区
51. 新疆巴音布鲁克天鹅国家级自然保护区

四、2014年新增国家湿地公园名录（140处）

1. 北京市（1 处）
北京房山长沟泉水国家湿地公园
2. 天津市（1 处）
天津宝坻潮白河国家湿地公园
3. 河北省（2 处）
河北香河潮白河大运河国家湿地公园
河北怀来官厅水库国家湿地公园
4. 山西省（4 处）
山西长子精卫湖国家湿地公园
山西稷山汾河国家湿地公园
山西孝义孝河国家湿地公园
山西静乐汾河川国家湿地公园
5. 内蒙古自治区（4 处）
内蒙古乌兰浩特洮儿河国家湿地公园
内蒙古正蓝旗上都河国家湿地公园
内蒙古大杨树奎勒河国家湿地公园
内蒙古甘河国家湿地公园
6. 吉林省（4 处）
吉林农安太平池国家湿地公园
吉林长春新立湖国家湿地公园
吉林白山珠宝河国家湿地公园
吉林汪清嘎呀河国家湿地公园
7. 黑龙江省（8 处）
黑龙江哈尔滨松北国家湿地公园
黑龙江青冈靖河国家湿地公园
黑龙江饶河乌苏里江国家湿地公园
黑龙江东宁绥芬河国家湿地公园
黑龙江齐齐哈尔江心岛国家湿地公园
黑龙江亚布力红星河国家湿地公园
黑龙江呼中呼玛河源国家湿地公园
黑龙江漠河大林河国家湿地公园
8. 江苏省（2 处）
江苏丰县黄河故道大沙河国家湿地公园
江苏溧阳长荡湖国家湿地公园
9. 浙江省（2 处）
浙江天台始丰溪国家湿地公园
浙江云和梯田国家湿地公园
10. 福建省（1 处）
福建漳平南洋国家湿地公园
11. 江西省（5 处）
江西鹰潭信江国家湿地公园
江西遂川五斗江国家湿地公园
江西三清山信江源国家湿地公园
江西庐陵赣江国家湿地公园
江西芦溪山口岩国家湿地公园
12. 山东省（11 处）
山东梁山泊国家湿地公园
山东诸城潍河国家湿地公园
山东泗水泗河源国家湿地公园
山东金乡金水湖国家湿地公园
山东泰安汶河国家湿地公园
山东肥城康王河国家湿地公园
山东禹城徒骇河国家湿地公园
山东齐河黄河水乡国家湿地公园
山东单县浮龙湖国家湿地公园
山东茌平金牛湖国家湿地公园
山东夏津九龙口国家湿地公园
13. 河南省（8 处）
河南林州淇溪河国家湿地公园
河南长葛双洎河国家湿地公园
河南淅川丹阳湖国家湿地公园
河南邓州湍河国家湿地公园

河南泌阳铜山湖国家湿地公园
河南柘城容湖国家湿地公园
河南睢县中原水城国家湿地公园
河南虞城周商永运河国家湿地公园

14. 湖北省（11 处）

湖北咸宁向阳湖国家湿地公园
湖北长阳清江国家湿地公园
湖北黄冈白莲河国家湿地公园
湖北武汉杜公湖国家湿地公园
湖北南漳清凉河国家湿地公园
湖北枝江金湖国家湿地公园
湖北汉川汈汊湖国家湿地公园
湖北环荆州古城国家湿地公园
湖北公安崇湖国家湿地公园
湖北安陆府河国家湿地公园
湖北五峰百溪河国家湿地公园

15. 湖南省（17 处）

湖南东安紫水国家湿地公园
湖南醴陵官庄湖国家湿地公园
湖南桃江羞女湖国家湿地公园
湖南平江黄金河国家湿地公园
湖南茶陵东阳湖国家湿地公园
湖南洪江清江湖国家湿地公园
湖南靖州五龙潭国家湿地公园
湖南鼎城鸟儿洲国家湿地公园
湖南泸溪武水国家湿地公园
湖南花垣古苗河国家湿地公园
湖南衡山萱洲国家湿地公园
湖南新邵筱溪国家湿地公园
湖南新化龙湾国家湿地公园
湖南洞口平溪江国家湿地公园
湖南衡南莲湖湾国家湿地公园
湖南石门仙阳湖国家湿地公园
湖南大通湖国家湿地公园

16. 广东省（3 处）

广东新丰鲁古河国家湿地公园
广东郁南大河国家湿地公园
广东海陵岛红树林国家湿地公园

17. 广西壮族自治区（7 处）

广西百色福禄河国家湿地公园
广西凌云浩坤湖国家湿地公园
广西平果芦仙湖国家湿地公园
广西大新黑水河国家湿地公园
广西龙州左江国家湿地公园
广西东兰坡豪湖国家湿地公园
广西荔浦荔江国家湿地公园

18. 重庆市（4 处）

重庆南川黎香湖国家湿地公园
重庆秀山大溪国家湿地公园
重庆石柱藤子沟国家湿地公园
重庆铜梁安居国家湿地公园

19. 四川省（6 处）

四川蓬安相如湖国家湿地公园
四川隆昌古宇湖国家湿地公园
四川阿坝多美林卡国家湿地公园
四川红原嘎曲国家湿地公园
四川松潘岷江源国家湿地公园
四川平昌驷马河国家湿地公园

20. 贵州省（11 处）

贵州都匀清水江国家湿地公园
贵州荔波黄江河国家湿地公园
贵州贵定摆龙河国家湿地公园
贵州遵义乐民河国家湿地公园
贵州凤冈龙潭河国家湿地公园
贵州汇川喇叭河国家湿地公园
贵州湄潭湄江湖国家湿地公园
贵州习水东风湖国家湿地公园
贵州黎平八舟河国家湿地公园
贵州六盘水牂牁江国家湿地公园
贵州黔西水西国家湿地公园

21. 云南省（4 处）

云南石屏异龙湖国家湿地公园

云南通海杞麓湖国家湿地公园
云南晋宁南滇池国家湿地公园
云南沾益西河国家湿地公园

22. 西藏自治区（2 处）
西藏阿里狮泉河国家湿地公园
西藏类乌齐紫曲河国家湿地公园

23. 陕西省（4 处）
陕西富平石川河国家湿地公园
陕西延安南泥湾国家湿地公园
陕西白水林皋湖国家湿地公园
陕西洛南洛河源国家湿地公园

24. 青海省（8 处）
青海都兰阿拉克湖国家湿地公园
青海德令哈尕海国家湿地公园
青海玛多冬格措那湖国家湿地公园
青海祁连黑河源国家湿地公园
青海乌兰都兰湖国家湿地公园
青海玉树巴塘河国家湿地公园
青海天峻布哈河国家湿地公园
青海互助南门峡国家湿地公园

25. 宁夏回族自治区（1 处）
宁夏平罗天河湾国家湿地公园

26. 新疆维吾尔自治区（9 处）
新疆尼勒克喀什河国家湿地公园
新疆布尔津托库木特国家湿地公园
新疆麦盖提唐王湖国家湿地公园
新疆昭苏特克斯河国家湿地公园
新疆吉木萨尔北庭国家湿地公园
新疆疏勒香妃湖国家湿地公园
新疆莎车叶尔羌国家湿地公园
新疆帕米尔高原阿拉尔国家湿地公园
新疆富蕴可可托海国家湿地公园

五、2014年批复的国家沙漠公园建设试点单位名录（32处）

1. 新疆维吾尔自治区（14 处）
新疆阜康梧桐沟国家沙漠公园
新疆吉木萨尔国家沙漠公园
新疆奇台硅化木国家沙漠公园
新疆木垒鸣沙山国家沙漠公园
新疆尉犁国家沙漠公园
新疆且末国家沙漠公园
新疆沙雅国家沙漠公园
新疆鄯善国家沙漠公园
新疆伊吾胡杨林国家沙漠公园
新疆洛浦玉龙湾国家沙漠公园
新疆博湖阿克别勒库姆国家沙漠公园
新疆精河木特塔尔国家沙漠公园
新疆和布克赛尔江格尔国家沙漠公园
新疆吐鲁番艾丁湖国家沙漠公园

2. 新疆生产建设兵团（1 处）
新疆生产建设兵团驼铃梦坡国家沙漠公园

3. 内蒙古自治区（6 处）
内蒙古库布其七星湖国家沙漠公园
内蒙古磴口沙金套海国家沙漠公园
内蒙古乌审苏里格国家沙漠公园
内蒙古乌海金沙湾国家沙漠公园
内蒙古翁牛特勃隆克国家沙漠公园
内蒙古奈曼宝古图国家沙漠公园

4. 云南省（1 处）
云南陆良彩色沙林国家沙漠公园

5. 陕西省（1 处）
陕西大荔国家沙漠公园

6. 甘肃省（4 处）
   甘肃阿克塞国家沙漠公园
   甘肃敦煌阳关国家沙漠公园
   甘肃临泽小泉子国家沙漠公园
   甘肃凉州头墩营国家沙漠公园
7. 青海省（4 处）
   青海贵南黄沙头国家沙漠公园
   青海乌兰金子海国家沙漠公园
   青海都兰铁奎国家沙漠公园
   青海茫崖千佛崖国家沙漠公园
8. 宁夏回族自治区（1 处）
   宁夏灵武白芨滩国家沙漠公园

六、2014年中国森林旅游事记

1 月

1 月 5 日，由中国林学会、中国绿色时报社主办的《森林与人类：中国最美森林公园》专辑出版发行。

3 月

3 月 7 日，国家林业局印发《全国森林等自然资源旅游发展规划纲要（2013—2020 年）》。

3 月 20 日，2014 年度国家级森林公园管理高级研修班在湖北省宜昌市开班。

4 月

4 月 1 日，由宁夏林业厅制定的《市民休闲森林公园建设技术指导意见》正式出台。

4 月 8 日，浙江省森林古道建设试点工作座谈会在杭州召开。

4 月 11 日，广西壮族自治区林业厅发布《关于加快森林公园发展的意见》。

4 月 25 日，国家林业局森林公园管理办公室下发《关于进一步加强森林旅游安全管理工作的通知》（林园旅字〔2014〕02 号）。

2014 青岛世界园艺博览会在青岛市开幕。本届世园会以“让生活走进自然”为主题，由国家林业局、中国国际贸易促进委员会、中国花卉协会和山东省人民政府共同主办，青岛市人民政府承办，是首次在中国沿海城市举办的具有山地特色的世界性园艺展会。

4 月 28 日，2014 年中国（温州）森林旅游节暨第八届温州森林旅游节开幕式举行。

4月28日，山东省林业厅与山东广播电视台联合开展“生态文明齐鲁行”宣传活动，以“寻找山东最美森林”为主线，系统宣传富有山东特色的森林旅游资源，使观众在享受森林之美中增强生态文明的意识。

5月

5月16日，国家林业局同意依托中南林业科技大学组建“森林旅游工程技术研究中心”。

6月

6月，江西省再次向全国发行“江西风景独好•森林旅游”年票，加盟年票发行的共有龟峰、明月山、天柱峰国家森林公园和鄱阳湖国家湿地公园、庐山西海风景名胜区等53个森林公园和湿地公园、风景名胜区。

6月4～5日，国家林业局森林公园管理办公室在国家林业局林业干部管理学院举行2014年中国森林旅游信息管理培训班。

6月9～13日，湖南省森林公园业务知识培训班暨全省国有林场和森林公园工作座谈会在平江县福寿山森林公园举行。

6月17日，新疆维吾尔自治区森林公园森林旅游工作会议召开。会上，新疆维吾尔自治区林业厅与自治区旅游局签订了《关于推进森林旅游发展的合作协议》。

6月19日，吉林省森林生态旅游企业联盟第二届年会暨打造大长白山旅游新格局论坛在长白山管委会举行。吉林省林业厅、林业产业协会、森林生态旅游企业联盟成员单位、各市州林业局、重点旅游景区、旅游企业等70余名代表出席会议。

甘肃省森林公园和森林旅游工作座谈会在冶力关国家森林公园召开。

7月

7月17日，国家林业局在中国林业科学研究院召开国家沙漠公园专家评审会。

7月21日，鄂南湘北森林旅游合作座谈会在武汉召开，湖南省国有林和森林公园管理局与湖北省森林公园森林旅游管理中心签署了关于开展湘北鄂南森林旅游合作的框架协议。

7月28～30日，吉林森工集团旅游开发部在松江河林业局召开了2014年度森林公园现场会和森林旅游规划修改讨论会。

7月29日，安徽省森林旅游工作领导小组根据《安徽省森林旅游示范景区评定办法》规定，经组织评选，决定授予天柱山国家森林公园等19家森林旅游景区为“安徽省森林旅游示范景区”称号，并命名287家经营点为全省第二批“森林旅游人家”。

7月31日，贵州省林业厅在龙里县龙架山国家森林公园组织召开了全省森林公园建设培训会。

8月

8月5～6日，山东省国有林场和森林公园培训班在烟台举办。

8月9日，国务院发布《关于促进旅游业改革发展的若干意见》。其中，明确要求全国各省、自治区、直辖市应积极发展森林旅游；要求林业局会同发展和改革委员会、旅游局、环境保护部、住房城乡建设部、扶贫办等部委联合编制全国生态旅游发展规划，加强对国家重点旅游区域的指导，抓好集中连片特困地区旅游资源整体开发，引导生态旅游健康发展。

8月18～20日，中国自然保护区数字化管理技术研讨会暨保护区联盟成立大会在神农架国家级自然保护区召开。

8月21日，国家林业局批准《林业科普基地评选规划》（标准编号：LY/T 2251－2014）等183项林业行业标准，自2014年12月1日起实施。

8月21日，《森林与人类》杂志出版《湖南森林公园》专辑。

8月22日，浙江省林业厅发布了“浙江最美森林”评选结果，杭州西山天然阔叶林、临安天目山古树群、安吉大竹海等50处森林获得“浙江最美森林”称号，萧山越王城山森林等14处森林获得“浙江最美森林”提名奖。

湖北省国有林场森林旅游工作座谈会在太子山召开。

8月29日，河北森林旅游网站（www.hebslgy.net）正式开通运行，成为河北省各级森林旅游管理部门和个人的重要公共网络沟通平台。

四川省林业厅在成都召开了全省森林公园财政资金项目管理培训会。

9月

9月11～26日，北京市园林绿化局组织摄制的15集系列专题宣传片——《北京森林公园》在北京电视台新闻频道播出。

9月16日，首届海峡两岸林业论坛9月16日在台北举行。

9月25日，国务院旅游工作部际联席会议第一次全体会议在北京召开。

9月26日至10月9日，国家林业局森林公园管理办公室在北京地铁4号线隧道开展了以“走进森林、体验自然”为主题的“国家森林公园风光博览和森林旅游公益宣传活动”。

9 月，国家林业局森林公园管理办公室、中国画报社联合编撰的《中国国家森林公园》画册出版发行。

9 月，由国家林业局森林公园管理办公室（国家林业局森林旅游工作领导小组办公室）具体组织，由国家林业局调查规划设计院起草编写的《2013 中国森林等自然资源旅游发展报告》出版发行。

10 月

10 月 12 ～ 13 日，首届“生态中国，美丽家园”全国书画摄影艺术展在北京举办。此次展览以书法、绘画、摄影等艺术形式，直观、生动地反映了我国在自然保护区、湿地、野生动物保护和建设领域取得的成就。

10 月 16 ～ 17 日，2014 年亚洲解说研讨会在中南林业科技大学旅游学院举办，本届研讨会的主题是“为新一代亚洲人解说”，森林体验与森林旅游解说成为其中重要议题。

10 月 19 ～ 20 日，广东省森林公园管理办公室在肇庆市举办森林公园建设管理培训班。

10 月 20 日，2014 四川红叶生态旅游节暨黑水县第二届冰山彩林节开幕。

国家林业局批复同意内蒙古自治区包头市昆都仑区、浙江省开化县、重庆市南山区开展国家生态公园试点建设。

10 月 22 日，湖北省林业厅和湖南省林业厅在中国武汉首届绿色产品交易会上签订了两省共同发展森林旅游的框架合作协议。

10 月 22 ～ 24 日，第五届北京森林论坛暨“城市森林与宜居首都”国际研讨会在京召开，本次论坛聚焦“城市森林与宜居首都”主题，围绕“城市森林与公众健康”、“城市森林与都市水源地保护”、“城市森林与绿色金融”三大议题展开深入探讨。

10 月 23 日，四川省林业生态旅游发展暨森林公园建设推进会在黑水县召开。

国家沙漠公园座谈会在北京举行，国家林业局张永利副局长出席会议。

10 月 25 日，由中国林业产业联合会森林旅游分会和中国森林国际旅行社联合举办的“特色生态旅游产品发布会暨森林国际旅行社成立 20 周年纪念活动”在京召开。

10 月 28 ～ 31 日，中国林学会森林公园分会在陕西金丝峡国家森林公园召开 2014 年年会暨森林公园与生态文明建设学术研讨会。年会内容主要包括召开第三届理事会第二次会议、举办以“大力推动城郊型森林公园发展”为主题的学术研讨会等。

10 月 29 日，全国森林旅游示范区试点单位总结交流会在陕西金丝峡国家森林公园举行。

11 月

11 月 12 日，以“保护地、人类和地球：激发策略”为主题的第六届世界公园大会在澳大利亚悉尼奥林匹克公园开幕。

11 月 26 日，2014 年国家级森林公园主任培训班（第三期）在福建农林大学举办。

11 月 27 日，由国家林业局主办的以“国家级森林公园的保护性利用”为主题的“绿色中国行”8+1 对话活动在云南省普洱市举行。

12 月

12 月 1 日，2015 年锦绣江山全国联合旅游年卡发布。该年卡是在北京地区森林生态游览年票的基础上发展起来的，由中国林业产业联合会森林旅游分会与 17 个省（自治区、直辖市）有关单位联合发行，整合 800 余家景区景点和森林旅游资源。

12 月中旬，由国家林业局森林公园保护与发展中心、中央电视台第七频道《科技苑》栏目联合摄制的 15 集大型电视纪录片——《中国国家森林公园》正式播出。

12 月 30 日，云南首项森林旅游地方标准《森林旅游示范区评定规程》正式发布实施。

七、2014森林公园10件大事

1. 摸底调查国家级森林公园总体规划编制情况

3 月 13 日，国家林业局国有林场和林木种苗工作总站印发通知，要求各地填报《国家级森林公园总体规划编制情况调查表》，对国家级森林公园总体规划编制情况进行全面摸底调查。

《国家级森林公园管理办法》规定，国家级森林公园总体规划是国家级森林公园建设经营和监督管理的依据，国家级森林公园总体规划由国家林业局审批，规划期一般为 10 年。同时规定新设立国家级森林公园应在 18 个月内编制完成总体规划，改变范围的国家级森林公园应在 12 个月内修改完成总体规划。

2. 盘点2013年我国森林公园建设经营数据

据2013年度全国森林公园建设经营统计数据显示，截至2013年底，全国共建立森林公园2948处，规划总面积1758万公顷。其中，国家级森林公园779处、国家级森林旅游区1处、省级森林公园1371处、县（市）级森林公园797处。广东、山东、浙江、福建、江西、河南、四川、湖南和山西共9个省的森林公园总数超过100处。2013年全国森林公园创造的社会综合产值超过4700亿元。森林公园共拥有游步道7.42万千米，旅游车船3.78万台（艘），接待床位80.91万张，餐位143.84万个，从事管理与服务的职工达16.48万人，导游1.77万人。

据统计，2013年有2466处森林公园，共接待游客5.89亿人次，占国内旅游总人数的18.1%，旅游收入491.1亿元，分别比2012年度增长7.5%和8.3%。871处森林公园免费向公众开放，其中国家级为189处。享受免票服务的游客1.59亿人次，其中国家级6434.74万人次，占本年度游客总人数的27%，占国家级游客总人数的18.7%。

3. 河南新郑国家古枣林公园获批

4月23日，国家林业局印发《关于同意建设河南新郑国家古枣林公园的函》，同意在河南省新郑市孟庄镇、薛店镇、郭庄镇范围内建设河南新郑国家古枣林公园，面积2万余亩，并要求将其纳入森林公园管理体系。这是继河南洛阳国家牡丹园、江苏邳州国家银杏博览园、河南鄢陵国家花木博览园、江苏泰兴国家古银杏公园之后，国家林业局批准的第五个国家级林业专类公园。

4. 开展首批国家生态公园试点建设

10月20日，国家林业局印发《关于同意内蒙古自治区包头市昆都仑区、浙江省开化县、重庆市南川区开展国家生态公园试点建设的函》，包头市昆都仑区、开化县和重庆市南川区成为首批国家生态公园试点建设县（区）。

通知要求，各有关省级林业主管部门将国家生态公园作为巩固生态建设成果、展示林业建设成就、完善生态保护体系、服务民生福祉的重要平台抓紧抓好，鼓励和引导国家生态公园积极探索在实施国土空间战略中的功能、定位、管理模式、运行机制和政策措施，并将其纳入森林公园管理体系。

5.“大力推动城郊型森林公园发展”论坛召开

10月29～31日，“以大力推动城郊型森林公园发展”为主题的中国林学会森林公园分会2014年年会暨森林公园与生态文明建设学术研讨会在陕西金丝峡国家森林公园召开。本次会议系森林公园分会第三届理事会二次会议，主要总结了本届分会工作，部署2015年分会工作任务目标，遴选了下次年会承办单位，审议了《国家级森林公园负责人交流挂职办法》。在同期举办的“大力推动城郊型森林公园发展”论坛上，与会专家和代表围绕城郊森林公园规划设计、运行管理、法制建设等议题展开了交流、探讨。

6. 中国政府代表团参加2014世界公园大会

应世界自然保护联盟（IUCN）邀请，11月11～20日，以国家林业局副局长陈凤学为团长的中国政府代表团和以国家林业局国有林场和林木种苗工作总站站长杨超为团长的业务代表团，赴澳大利亚参加了世界自然保护联盟2014世界公园大会。

本次大会以“公园、人类、地球：启发解决方案”为主题，就全球自然保护地规划、治理及管理领域重大问题开展了对话与交流。会议期间，陈凤学在大会部长级论坛上作了主旨发言并在亚太雨林峰会上作了发言，国家林业局、世界自然保护联盟和世界自然基金会联合举办了主题为“走向生态文明——探索有利于中国自然保护事业的国家公园体制”的中国主题边会，宣传我国在自然保护中取得的成就、经验及对世界的贡献。

7. 龙湾群国家森林公园入选首批全球绿色名录

11月14日，世界自然保护联盟在澳大利亚召开全球绿色名录——最佳管理保护地发布及推介大会，发布首批全球绿色名录，共有8个国家23个不同类别的自然保护地获得这一殊荣，吉林龙湾群国家森林公园成为6个入选的中国自然保护地之一。

8. 编制《全国城镇森林公园发展规划（2015–2025年）》

针对当前城镇居民对森林公园需求越来越大的趋势，为进一步加强城镇生态修复和建设，巩固城镇生态建设发展成果，更好地服务于新型城镇化发展的需要，让居民看得见青山绿水，享受得到生态产品，生活在绿色的城镇中，国家林业局组织开展了对广东、山西两省城镇森林公园发展的调研，组织了对城镇森林公园发展规划编制的专家研讨，启动了《全国城镇森林公园发展规划（2015–2025年）》的编制工作。规划被列入中共中央办公厅、国务院办公厅印发的《关于落实〈国家新型城镇化规划（2014–2020年）主要目标和重点任务的分工方案〉和〈2014–2015年推进新型城镇化工作重点〉》。

9. 落实严禁在公共资源中设立私人会所规定

2014年12月14日，国家林业局国有林场和林木种苗工作总站印发通知，要求各省级林业主管部门自觉贯彻中共中央办公厅、国务院办公厅转发的《关于严禁在历史建筑、公园等公共资源中设立私人会所的暂行规定》。

通知要求，始终坚持森林公园的公益性发展方向，坚决取缔在森林公园内设立的私人会所，同时要设立并公开举报方式，进行长期跟踪督察，防止其改头换面、死灰复燃。通知还要求进一步强化森林公园总体规划的审核，严格把关占用森林公园林地，严禁任何与森林公园公益性及服务游人宗旨相违背的建设、经营行为。

10. 开展形式多样的森林公园人员培训

2014年，国家林业局国有林场和林木种苗工作总站先后组织举办了国家级森林公园管理高级研修班、森林公园行业管理暨监督检查研讨班、国家级森林公园主任培训班，参训人员涉及省级林业部门森林公园主管处室、国家级森林公园管理机构、规划设计单位和国家级森林公园申报单位，参训总人数近400人。

培训班采取政策解读、理论讲授、专题介绍、经验交流、现场交流等多种形式，内容丰富，可借鉴性强，取得了良好的培训效果。

后　记

《2014中国森林等自然资源旅游发展报告》是集体劳动的成果。在国家林业局有关领导的直接领导下，局森林公园保护与发展中心（局森林旅游工作领导小组办公室）和局调查规划设计院负责组织和编写，相关司局、直属单位、北京林业大学参加了这项工作。

鉴于本报告涉及的内容广，资料信息收集难度大，不足之处在所难免，我们诚恳希望广大读者关心和支持我国森林等自然旅游发展并提供宝贵的建设性意见，衷心地邀请热爱森林旅游的读者积极投身到森林旅游建设中来。

我们的联系方式如下。
地址：北京市东城区和平里东街18号
国家林业局森林公园保护与发展中心
国家林业局调查规划设计院
电话：010-84239459　010-84238077
E-mail：ftour@forestry.gov.cn

编　者
2015年8月